상업등기법 암기법
－회사설립의 등기 등을 중심으로

수학연구사

목 차

머리말 ··· 1

Part 1. 학습 포인트 ·· 3

1. 상업등기 서론 ··· 4
2. 등기 절차 ·· 7
3. 등기관의 처분에 대한 이의 ································· 13
4. 상호의 등기 ·· 17
5. 설립의 등기 ·· 24
6. 본점이전의 등기 ··· 31
7. 지점의 설치 이전 또는 폐지 등의 등기 ············ 33
8. 이사 대표이사 감사 감사위원에 관한 변경등기 ···· 35
9. 보통의 신주발행으로 인한 변경등기 ·················· 42
10. 주식매수선택권에 관한 등기 ····························· 44
11. 주식의 상환 및 전환으로 인한 변경등기 ········ 45
12. 준비금의 자본전입으로 인한 변경등기 ············ 47
13. 주식배당으로 인한 변경등기 ····························· 49
14. 전환사채 신주인수권부사채의 등기 ·················· 50
15. 과태료 사건 ·· 56

Part 2. 학습의 팁 ··· 61

1. 풀어내는 식으로 공부하기 ································· 62

2. 대화 내지는 대화체를 염두에 두고 생각하기 ············ 67

3. 좋은 변화로 바뀌는 학습 주변 여건들이 변화 ··········· 70

4. 심리적으로 긍정적 변화가 찾아온다 ······················ 73

5. 지식을 돌출 정도로 하려면 노래 암기가 최고다 ········ 75

6. 8진법 ··· 78

7. 전문 공부 ·· 84

8. 스타링크 ··· 90

머리말

바른 입력의 반복이 공부라는 본질을 깨닫는다면

공부란 무엇인가에 대해서 늘 사람들은 헤매고 괴로워한다. 그래서 바른 입력의 반복이 공부라는 본질을 깨닫는다면 그 사람은 이미 합격권에 온 것이라고 봐야 한다. 그런데 그 본질을 깨닫는데 시간이 걸린다. 그게 바로 또한 학습의 과정이기도 하기에 그렇다.

배경과 사실관계를 알면 잘 외워지고 외우지 않아도 공부가 된다

무엇을 공부해도 시험을 대비하여 배경과 사실관계를 알면 잘 외워지고 외우지 않아도 공부가 된다. 하지만 그러지 못하니 애가 타고 속이 탈 노릇이다. 그런 갈증을 해결하기 위한 것이 바로 이 책이다.

벌벌 떨지 않을 정도가 되어야 한다

암기의 세상에서 벌벌 떨지 않을 정도로까지 자신의 준비 즉 시스템적 준비와 내용적 준비를 같이 해야 한다. 준비가 되어서 그런 담대함이 생기게 해야 한다.

비유와 상징

중고 학습서 회사로 유명한 회사 이름으로 비유와 상징이 있다. 그래서 줄여서 비상교육이라고 하는데 참 의미가 있는 말이다. 학습의 최고조에는 비유와 상징이 있다. 이것이 우리의 학습에도 철저히 녹여져 있다.

빈출 지문의 소개

우리 책은 시험에서 자주 빈출되는 지문을 먼저 제시한다. 아주 잘 나오고 잘 나올 수밖에 없는 지문이다. 그리고 그 지문은 결국은 핵심으로 추리면 오엑스의 형태가 된다. 이게 맞니 틀리니 하고 수험생 여러분들에게 판단을 하게 요하는 것들이다.

빈출지문의 핵심 요약화

각 지문이 친숙하게 되고 여러분들이 그에 대해서 오엑스적 판단을 잘하게 하게 하기 위해서는 분명히 그 전에 핵심 요약화가 필요하다. 그게 되지 않으면 각 별자리 명칭도 부여가 안 되기에 말이다.

Part 1. 학습 포인트

1. 상업등기 서론

-법 제15조(등기사항의 열람과 증명) ① 누구든지 수수료를 내고 대법원규칙으로 정하는 바에 따라 등기기록에 기록되어 있는 사항의 전부 또는 일부의 열람과 이를 증명하는 등기사항증명서의 발급을 신청할 수 있다. 다만, 등기기록의 부속서류에 대해서는 이해관계 있는 부분만 열람을 신청할 수 있다. 여기서 등기기록의 부속서류에 대해서는 이해관계 있는 부분만 열람을 신청할 수 있다는 이유는?

최종이유적으로

그것은 목적의 차이가 있기에 공개의 범위의 차이도 존재하는 것이다. 상업등기기록과 부속서류는 공개범위의 차이가 생긴다. 구분해서 보면, 등기기록은 누구나 열람 가능하다. 그것은 공시로서 외부 이해관계인 보호가 목적이기에 그렇다. 부속서류는 이해관계자만 열람 가능하다. 그것도 필요한 부분만 말이다. 그것은 개인정보·기업정보 보호가 목적이다.

등기기록은 예를 들면 "대표이사 변경", "신주발행", "주소 이전" 등 외부에 공시되어야 할 핵심사항이고 부속서류는 그 등기 신청에 첨부된 내부 문서로서: 주주총회 의사록, 이사회 결의서, 정관 변경 동의서, 인감증명서, 위임장 등 포함이 된다. 이런 서류에는 기업의 경영상 판단, 주주의 민감한 정보, 내부 방침 등이 포함되어 있어, 외부인이 무제한 열람할 경우 영업상 비밀 노출, 사생활 침해 등 위험이 크다. 그래서 제한적이다.

-상업등기선례 제201903-1호에 따라서 확정된 신주발행부존재확인판결을 무효의 원인을 증명하는 첨부정보로 제공하여 신청한 신주발행의 변경등기에 대한 말소등기 취지의 경정등기신청은 상업등기법 제 77조에 의하여 허용되는 적법한 말소등기신청이다. 이 건에서의 중요논점과 논리는?

최종이유적으로

여기서 중요한 논점은 두 가지다. 무효의 원인을 입증하는 '첨부정보'로서의 확정판결로서 상업등기 신청 시, 등기의 무효 또는 소멸을 입증하기 위한 첨부서류가 요구된다. 이 경우 신주발행부존재 확인판결문이 그 무효(부존재)의 사유를 입증하는 정보로 기능하다. 즉 딱히 제한사유가 없을시는 넓게 인정한다는 게 결론적 핵심이다. 또한 경정등기 신청과 말소등기 신청도 논점중의 하나이다. 경정등기는 등기 내용 중 일부 잘못 기재된 경우 이를 바로잡기 위한 절차이지만 등기 전제가 무효 또는 부존재이면, 이는 경정의 문제가 아니라 말소의 문제다. 다만, 판례나 선례에서는 경정등기 신청의 형식으로 말소의 취지를 포함한 등기신청이 허용되는 경우가 있다. 본 건도 그러한 맥락으로 처리한다.

그러나 아주 강한 인상적 내용이 적기에 일단 암기를 시도한다

-등기예규1546호에 따르면, 6조에서 폐쇄된 등기용지상 청산종결등기의 말소등기 신청서가 접수되면 등기관은 폐쇄된 등기용지의 등·초본과 인감에 관한 증명서가 발급되지 않도록 하여야 한다. 이렇게 하려는 취지는?

최종이유적으로

폐쇄된 등기용지는 청산종결등기가 기입됨으로써 법인 등의 존속이 종료되었음을 공식적으로 알리는 문서다. 만약 그 등기의 말소 등기가 신청된 상태에서 등·초본이나 인감증명서가 발급된다면, 존속하지 않는 법인이 여전히 살아 있는 것처럼 오해할 수 있다. 제3자에게 잘못된 법률관계를 형성하게 할 위험이 커진다. 따라서 등기관은 공적 장부의 신뢰성과 정확성을 유지하기 위해 증명서 발급을 제한해야 한다.

2. 등기 절차

-상업등기법에서는 관할 외 본점이전 등기시에는 인감을 다시 제출할 필요가 없다고 한다. 그 이유는?

최종이유적으로

이유는 단도직입적으로 인감은 이미 법원에 보관되어 있기 때문이다. 상업등기법상, 법인 설립 등기 시에 대표이사의 인감(법인인감)을 제출하고, 이는 등기소(관할 법원)에 보관된다. 이때 제출된 인감은 전국의 등기소에서 공동으로 사용하는 전산 시스템에 등록되므로, 다른 관할로 본점을 이전하더라도 기존 인감 정보는 그대로 유효하다. 구체적으로 보면 인감은 전산 시스템에 등록되어 공유된다. 상업등기는 전국 단일 전산망을 사용하므로, 관할이 바뀌어도 기존의 인감 정보가 유효하게 유지된다. 그래서 인감의 진정성 확인 필요 없다. 이전 관할 등기소에서 이미 대표자의 인감이 확인되었고, 변경이 없으므로 다시 제출할 필요 없이 그대로 사용할 수 있다. 인감 변경 시에만 제출이 필요하다.

-제104조(취임승낙을 증명하는 서면 등) ① 대표사원, 청산인, 대표청산인의 취임승낙 또는 사임을 증명하는 서면에는 「인감증명법」에 따라 신고한 인감을 날인하고 그 인감증명을 첨부하거나 그 서면에 본인이 기명날인 또는 서명하였다는 공증인의 인증서면을 첨부하여야 한다. 다만, 등기소에 인감을 제출한 사람이 중임 또는 사임하는 경우에는 등기소에 제출된 인감이 날인된 중임승낙 또는 사임을 증명하는 서면으로 갈음할 수 있다. 여기서

후단의 다만 이후가 앞 문장과 연계되어서 가지는 의미와 취지는?

최종이유적으로

전단은 일반 원칙으로서 "대표사원, 청산인, 대표청산인의 취임승낙 또는 사임을 증명하는 서면에는 인감을 날인하고 인감증명서를 첨부하거나, 공증인의 인증을 받은 서면을 첨부해야 한다." 즉, 인감 날인과 인감증명서 첨부, 또는 공증 인증서를 통해 서면의 진정성을 확보해야 한다는 것이 원칙이다. 다만 후단은 예외로서 "다만, 등기소에 인감을 제출한 사람이 중임 또는 사임하는 경우에는, 등기소에 제출된 인감이 날인된 중임승낙 또는 사임 서면으로 갈음할 수 있다." 이는 이미 등기소에 인감을 제출해 진정성이 확보된 사람에 대해, 다시 인감증명서를 제출하거나 공증 인증을 받을 필요 없이, 기존 인감이 날인된 서면만으로도 효력이 인정된다는 의미다.

인감증명서 제출이나 공증은 문서의 진정성(본인이 작성한 것)을 확보하기 위한 수단이다. 그런데 이미 등기소에 인감을 제출한 사람은, 그 인감이 등기소 시스템에 등록되어 있고 확인이 가능하므로, 같은 인감이 찍힌 문서를 다시 진정성 확인할 필요 없이 바로 인정할 수 있다는 취지다. 그 입법 취지는 등기소에 이미 인감을 등록한 사람의 경우, 그 인감이 진정한 인감임이 확인되어 있으므로, 추가로 인감증명서나 공증을 요구하는 것은 불필요한 형식적 절차라는 점에서 등기의 간소화와 실무 효율성을 도모하기 위한 규정이다.

-서울특별시도시철도공사의 정관에 규정된 직무대행자를 등기할 수 있는지

여부 제정 2014.05.09 [상업등기선례 제2-155호] 에 따르면, 지방공기업법 제49조에 따라 설립된 서울특별시도시철도공사의 경우 대표자 사장이 퇴임할 경우에는 관련 조례 및 정관의 규정에 따라 해당 이사가 사장의 직무를 대행하도록 하고 있으나, 이 경우 대표자의 직무를 대행하는 자는 법률상 등기사항이 아니므로 등기할 수 없고, 인감을 제출할 수도 없다. 결국 이것은 등기할 사항에 대한 법적근거가 없다는 것이 이유나 근거인데 이런 법에 근거가 있는가는 아주 엄격하게 지켜지고 있는가? 유연한가?

최종이유적으로

대표자 직무대행자가 등기될 수 없는 이유는 등기할 수 있는 사항은 법률에 명시된 등기사항으로 엄격하게 한정되어 있기 때문이다. 그리고 이 원칙은 실무상 매우 엄격하게 적용된다. 즉, "유연한 해석"이 허용되지 않는다.

-법인의 분사무소나 지점에서 등기할 사항 중에서 명칭 또는 상호가 있는데 그것은 그래도 그 동일성 동질성 즉 아이덴티티를 위해서 기본적으로 꼭 적어야 할 사항으로 필요한가? 아니면 지점 명칭 등을 적어야 해서 필요한 부분이 있는 것인가?

최종이유적으로

"지점의 명칭 또는 상호"는 등기사항에 포함되며, 이는 주로 다음 두 가지 이유 때문이다. 지점의 특정성·식별성을 확보(동일성, 동질성 확보 포함)하기 위함이다. 본점과 구분되는 개별 지점의 고유한 아이덴티티를 명확히 하기 위함이다. 또한 법적·행정적 필요성 (등기사항 명시 요구) 때문이다. 상법 및 상업등기규칙에서 지점(또는 분사무소)의 명칭을 등기사항으로 규정하고 있기 때문이다.

지점을 설치한 경우, 본점소재지와 지점소재지에서 각각 등기를 해야 하며, 등기사항에는 지점의 소재지와 명칭 등이 포함된다. 즉, 지점 등기의 필수항목 중 하나가 '지점의 명칭'이다. 이는 지점이 여러 개인 경우에도 각 지점을 명확히 식별할 수 있어야 하기 때문이다. 상업등기규칙 제73조 (지점 등기의 내용)에서의 지점의 등기사항에는 다음이 포함된다. 지점의 소재지 지점의 명칭 본점과의 관계 등이다. 여기서 '명칭'은 단순히 "지점" 또는 "○○지점" 등의 형태가 될 수도 있고, 지점 고유의 상호 또는 별칭을 사용할 수도 있다.

왜 중요한가? (법적·실무적 관점) 여러 지점이 있을 경우, 명확한 구분이 필요하다. 즉 "서울지점", "부산지점" 등으로 분리하여 관리한다. 상호 분쟁, 계약, 세무신고, 인허가 등에서 지점의 개별성이 중요하다. 아이덴티티(동일성·동질성)의 확보 측면도 일부 포함된다. 본점의 정체성과 연계성을 유지하면서도, 지점 고유의 업무 범위나 기능을 나타내는 명칭을 부여할 수 있다. 행정상, 사법상, 대외적 공시 효과가 있다. 제3자가 법인 지점을 등기부 통해 확인할 수 있어야 하므로, 명칭 없이 등기할 수는 없다.

그럼 여기서의 즉 지점에서의 명칭 또는 상호는 지점의 명칭 또는 상호인가? 그렇다. "지점에서의 명칭 또는 상호"는 곧 "지점의 명칭 또는 상호"를 의미한다. 등기할 때 나오는 "명칭 또는 상호"는 법인의 본점의 상호가 아니라, 각 지점(또는 분사무소)의 고유한 명칭 또는 상호를 의미한다.

그럼 지점을 설치했으면 본점 지점 동시에 등기한다는 말은 본점에서는 지점을 설치했음에 대해서 등기를 해야 하는 것인가? 그렇다, 지점을 설치한 경우에 "본점과 지점 모두에서 등기해야 한다"는 말은 곧 본점 등기소(=본점 소재지 관할 등기소)에는 "지점을 설치했다"는 사실을 등기해야 하고, 지점 등기소(=지점 소재지 관할 등기소)에는 "지점 자체에 대한 사항"을 등기해야 한다는 의미다.

-상업등기법 및 법인의 등기사항에 대한 특례법에 따르면, 본점에 둔 지배인은 지점등기부에서 등기할 수 없다. 왜 그런가?

최종이유적으로

지배인은 특정 장소(본점 또는 지점)에만 둔다는 원칙이 있고, 그 권한은 해당 장소의 사무에 한정되기 때문에, 본점에 둔 지배인을 지점등기부에 등기하는 것은 허용되지 않는다. 좀 더 이유를 보면 지배인의 법적 지위는 "특정 영업소 전속" 구조다. 지배인은 본점 또는 지점에 특정되어 설치되는 사람이다. 즉, 본점에 둔 지배인은 본점에서의 영업에만 관여할 수 있다. 상법상 지배인의 권한은 자신이 소속된 영업소(본점/지점)의 사무에 국한되므로, 지점의 등기부에는 관여할 수 있는 법적 근거가 없다. 또한 지배인 등기의 목적이다. 거래 상대방 보호 및 사무 범위 명확화이다. 지배인은 등기됨으로써 거래 상대방이 누구와 계약하는지를 명확히 인식하게 된다. 따라서 지배인이 실제로 소속되지 않은 지점에 등기될 경우, 혼동이나 법적 분쟁의 소지가 생긴다. 예컨대, 본점 지배인이 지점에서 한 행위가 과연 적법한 대표행위인지 불분명해지는 문제가 생길 수 있다. 마지막으로 관련 법령상 근거로 상업등기규칙 제69조 제2항에서 "본점에 둔 지배인은 지점의 등기부에 등기하지 못한다."고 규정하고 있다.

-대표권이 있는 임원의 직무의 집행정지는 지점에서 등기를 하면서 대표권이 없는 임원에 대해서 지점에서 등기를 하지 못하게 하는 것은 대표권이 원래부터 없는 임원은 괜히 혼동을 줄 수 있고 대표권이 있는 임원의 집행정지는 거래를 하면서 조심을 하라는 뜻에서인가?

최종이유적으로

맞다. 지점에서 등기할 수 있는 임원 정보는 거래의 안전성과 혼동 방지를 기준으로 엄격히 구분된다. 대표권이 있는 임원의 '직무집행정지'는 반드시 지점에서도 등기해야 한다. 이는 제3자(거래상대방)에게 "이 임원이 대표권을 행사할 수 없다는 점을 주의하라"는 경고 공시의 효과다. 반면 애초에 대표권이 없는 임원은 지점에서 등기조차 못 하게 제한한다. 이는 불필요한 정보의 과잉 노출로 인한 혼동을 방지하기 위함이다.

3. 등기관의 처분에 대한 이의

-회사의 본점 이전과 관련된 상호의 가등기의 경우 본등기를 할 때까지의 기간은 2년을 초과할 수 없다

최종암기적으로

일단 우리의 카버리지 안에서는 가등기가 나오는 게 상호의 경우에 한정이 되기에 일단 여기서 상호의 가등기에서 일단 상호는 빼고 가등기 이년을 같이 해서 외운다.

-등기관은 이의신청이 이유 없다고 인정하면 이의신청일부터 3일 이내 의견서를 붙여서 관할지방법원에 보내야 한다: 이유없다와 지방법원 암기

최종이유적으로

이는 일반등기법에서도 거의 마찬가지의 이야기가 나오고 있다. 여기서는 부동산등기법에서 나왔던 해설을 그래도 이어서 제시를 하고자 한다.

등기법 4조에 따라서 등기신청의 각하결정에 이의신청이 있는 경우에 이의가 이유없다고 인정되면 이의신청서가 접수된 날로부터 3일 이내에 의견서를 붙여서 관할지방법원에 등기관은 송부해야 한다. 이때 송부를 하는 이유는 무엇인가?

부동산등기법 제4조에 따른 이의신청에 대한 송부의 이유는 다음과 같은 법적 절차적 취지에서 이해할 수 있다. 등기관이 등기신청을 각하하였고, 이에 대해 신청인(등기권리자 또는 등기의무자)이 이의신청을 하였으며, 등기관이 그 이의신청에 대해 이유 없다고 판단한 경우, 지체 없이 의견서를 첨부하여 관할 지방법원에 송부해야 한다. (부동산등기법 제4조 제3항)

송부의 이유는 사법적 판단을 받게 하기 위해서이다. 등기관은 행정기관유사하게 등기행정에 관한 전문적인 판단을 하지만, 최종적인 권리 판단을 내릴 수 있는 기관은 법원이기에 말이다. 따라서 등기관이 각하결정에 대한 이의신청을 받아들일 수 없다고 판단해도, 이의신청인이 자신의 권리 주장에 대해 법원의 판단을 받을 수 있는 길을 보장해야 하기 때문에 말이다.

-숫자만으로된 회사이름은 등기가 되지 않는다

1) 기본암기

숫자만으로 않는다: 수자폰의 수자: 수자폰만으로 오케스트라 구성은 아니다라고 봐야 해

암기해설: 수자는 미국의 근대작곡가 그의 이름을 딴 금관악기가 바로 수자폰이다.

2) 최종암기

숫자만의-조수간만의 차별로 없다고 생각-동해안을 생각하자: 조수간만의 차가 없으니까 그러니 그런 회사도 없다고 생각한다.

-상호를 변경 폐지한 경우에 2주간 내에 그 상호를 등기한 자가 변경 또는 폐지의 등기를 하지 않을 때는 이해관계인은 그 등기의 말소를 구할 수 있다

최종암기적으로

폐지 이주 말소-폐지 이주-이주 폐지-is per se-이주페지그자체로 -라틴어로 per se 가 그 존재로서의 그 존재자체의 의미를 가지게 된다.

-합명회사를 설립하고자 할 때에는 본점의소재지를 관할하는 등기소에 상호의 가등기가 되지 않는다. 그 논리와 근거는?

최종이유적으로는

규모가 작은데 뭐 그런것까지 하는가의 사고가 강하다. 가등기의 주체와 설립 과정의 구조를 보면 주식회사는 발기인(자연인)이 주도하여 설립 계획을 수립하고 상호를 선점하지만 합명회사/합자회사는 사원(자연인)이 계약으로 곧바로 회사를 설립한다. 또한 주제면에서도 가등기의 신청 주체는 발기인 개인이 자신의 명의로 가등기 가능하다. (설립될 회사를 위한 준비 행위)

사원이 공동으로 회사를 설립하므로, 그러나 합명/합자회사는 특정 사원의 명의로 상호 가등기 신청이 어렵다. 특히 법적/실무적 인정관점에서 보면, 주식회사 설립의 사전 준비로 상호 선점 필요성이 크다. 그래서 가등기 실무 인정을 한다 하지만, 합명/합자회사는 설립 자체가 비교적 간단하고, 설립과 동시에 상호를 확보하므로 가등기 실익이 적다 그래서 인정되지 않는다.

4. 상호의 등기

-상법 제25조(상호의 양도) ①상호는 영업을 폐지하거나 영업과 함께 하는 경우에 한하여 이를 양도할 수 있다. ②상호의 양도는 등기하지 아니하면 제3자에게 대항하지 못한다. 여기에서 2항의 제삼자에게 대항하지 못한다. 즉 선의의 제삼자에게가 아니고 그냥 악의의 제삼자에게도 대항하지 못하게 되는데 이러면 다른 등기조항들보다 더 가중된 것이지? 가중되었다면 그것은 무겁게 하려고 의도적으로 그렇게 한 것인가?

최종이유적으로

맞다. 상법 제25조 제2항은 일반적인 상법상 등기규정들보다 대항요건을 더 엄격하게 설정한 것이다. 이는 의도적으로 가중된 요건을 부여한 것으로 보며, 그 목적은 상호거래의 명확성과 공신력을 보다 강하게 확보하려는 정책적 판단 때문이다.

-상법22조가 더 확대된 상업등기법 29조에 따르면 제29조(등기할 수 없는 상호) 동일한 특별시, 광역시, 특별자치시, 시(행정시를 포함한다. 이하 같다) 또는 군(광역시의 군은 제외한다. 이하 같다)에서는 동종의 영업을 위하여 다른 상인이 등기한 상호(商號)와 동일한 상호를 등기할 수 없다. 여기에서 왜 광역시의 군은 제외한다는 괄호안의 표현이 나오게 되는가? 그 이유와 합리적 범위는?

최종이유적으로

광역시 안의 군은 현실적으로 시와 경계가 모호하기 때문이다. 광역시에는 "군"이라는 이름을 가진 지역이 몇 개 있다. 예시로 울산광역시 → 울주군 부산광역시 → 기장군 대구광역시 → 달성군을 들 수 있는데 그러나 이들은 실질적으로 광역시와 거의 생활·경제권이 통합된 지역이다. 그래서 "광역시 전체를 하나의 '시 단위'로 본다"는 입법적 해석이 필요해졌다. 이로 인해 광역시의 군은 '군'으로 따로 간주하지 않고, 광역시 전체가 동일 상호 제한의 범위로 묶이게 된 것이다.

-대법원 2008. 6. 26.자 2007마996 결정 [등기관처분에대한이의] [공2008하,1068] 에 따르면, 법무사가 상법 제5조 제1항의 의제상인에 해당할 수 있는지 여부와 이에 따라 법무사의 상호등기가 허용되는지 여부(각 소극) 관련해서 법령에 의하여 상당한 정도로 그 영리추구 활동이 제한됨과 아울러 직무의 공공성이 요구되는 법무사의 활동은 상인의 영업활동과는 본질적인 차이가 있고, 법무사의 직무 관련 활동과 그로 인하여 형성된 법률관계에 대하여 상인의 영업활동 및 그로 인하여 형성된 법률관계와 동일하게 상법을 적용하지 않으면 안 될 특별한 사회·경제적 필요 내지 요청이 있다고 볼 수도 없으므로, 법무사를 상법 제5조 제1항이 규정하는 '상인적 방법에 의하여 영업을 하는 자'라고 볼 수는 없다. 따라서 법무사의 상호등기신청을 각하한 등기관의 처분은 정당하고, 법무사 합동법인의 경우 법무사법 제33조 이하에서 그 명칭의 등기를 허용하고 있다거나, 상호의 등기를 허용하는 다른 일부 전문 직종에서 관계 법령에 공익적 목적의 제한규정을 두고 있는 경우가 있다는 사정만으로 부당한 차별에 해당하여 위법하다고 볼 수는 없다. 여기에서 상호의 등기를 허용하는 다른 일부 전문 직종에서 관계 법령에 공익적 목적의 제한규정을 두고 있는 경우가 있다는 사정만으

로 부당한 차별에 해당하여 위법하다고 볼 수는 없다. 라고 이야기 하는 제일 끝 문장의 의미와 이렇게 법원이 전문직 법무사 등에 등기를 인정하지 않는 근거나 실질적 취지는 무엇인가?

최종이유적으로

대법원은 법무사에게 상호등기를 허용하지 않는 것이 부당한 차별이 아니라, 그 직역의 공공적 성격, 비영리성, 상법 적용 필요성 부재 등을 고려한 정당한 차별이라고 판단했다. "다른 전문직은 허용되는데 왜 법무사는 안 되냐"는 주장은, 각 직종의 법적 본질과 역할의 차이를 무시한 주장이라는 것이 대법원의 입장이다. 이러한 판단은 직역별로 상법의 적용 여부를 달리하는 선별적 접근을 정당화한 중요한 사례다.

특히 대법원은 이렇게 표현한다. "상호의 등기를 허용하는 다른 일부 전문 직종에서 관계 법령에 공익적 목적의 제한규정을 두고 있는 경우가 있다는 사정만으로 부당한 차별에 해당하여 위법하다고 볼 수는 없다." 이 문장의 의미는 어떤 다른 전문직(예: 세무사, 회계사, 변호사 등)은 관계 법령에 따라 상호등기가 허용될 수도 있다. 그러나 그런 사례가 있다는 이유만으로, 법무사에게 상호등기를 불허하는 것이 "부당한 차별이다"라고 일률적으로 주장할 수는 없다는 말이다. 다시 말해 "남들 된다고 해서, 나도 꼭 돼야 하는 건 아니다. 그 직역(직업)의 법적 성격과 사회적 역할, 공익성의 정도, 상법 적용 필요성의 유무에 따라 별도로 평가해야 한다."

여기 관련해서 다른 전문 직종에서 허용규정을 두고 있다는 사정 즉 제한규정이 아니라 허용규정이라면 이 표현이 맞는데 말이다. 이상하다? 무엇이 이상한가? "상호의 등기를 허용하는 다른 전문직의 사례를 말하고 있는 문장인데, 그 전문직 관련 법령에 공익적 목적의 '제한규정'이 있다는 식으로 말하면 이상하지 않은가?" 즉, 전제로 "상호의 등기를 허용하는 다른 직종이 있다." 그런데 그 허용조차도 법령에서 공익적 제한을 두고 있다." 그런 사정만으로 법무사에게 허용하지 않는 것이 부당하다고 볼 수는 없다. 그러나 여기서 "공익적 목적의 제한규정"이라는 표현은 모순처럼 보일 수 있다. 허용하고 있다는 사실을 말하면서 동시에 제한을 말하니까 문맥이 어긋난다고 느끼신 거다. 왜 그렇게 표현했을까? (대법원의 의도 해석) 이 표현은 법적으로는 완전히 모순은 아니지만, 상당히 애매하게 구성된 문장이다. 대법원이 말하려는 진짜 의도는 이렇다. "다른 전문직(예: 변호사, 세무사 등) 중에도 상호등기를 허용하는 사례가 있으나, 그렇다고 해서 그것이 완전히 자유롭고 영업적이라는 뜻은 아니다. 해당 법령에서도 공익성을 유지하기 위한 일정한 제한을 함께 두고 있다. 따라서 법무사에게 등기를 허용하지 않는 것이 '부당한 차별'이라고 볼 수는 없다." 즉, 대법원의 논리는: 다른 직종에서 상호등기가 허용되더라도, 그 허용은 무제한이 아니라, 여전히 공익적 목적의 제한 안에서 이루어지는 것이며, 따라서 법무사에게 등기를 불허한 것이 그들과 본질적으로 다르다고 볼 수는 없다는 주장이다.

-상호변경등기의 가부 제정 1995.12.07 [상업등기선례 제1-109호] | 본점이 동일한 시에 있고 사업목적이 유사한 "갑"주식회사와 "을"주식회사에 있어, "갑"주식회사는 "을"주식회사 명의로, "을"주식회사는 "갑"주식회사 명의로 각 상호변경등기를 동시에 신청할 수 없다. 여기에서 그럼 동시가 아니면 순차적이면 가능한가? 가능하다면 왜 동시는 안 되게 하는가?

최종이유적으로

순차적으로 하면 가능한가? 원칙적으로 가능하다. 다만 전제가 있다. 먼저 한 회사의 상호변경등기가 '완료'된 후, 그 상호가 완전히 '말소'되고 나서, 다른 회사가 그 상호를 사용하여 변경등기를 신청해야 한다. 즉, 완료된 등기만을 전제로 다음 등기가 가능하다는 것이 핵심이다.

왜 "동시" 신청은 안 되는가? 이유는 명확하다. 동일한 본점에 유사 사업목적을 가진 회사들이 '동일한 시점'에 '상호를 교환'하는 구조에서는, 한 시점에 동일한 지역에 중복 상호가 존재하는 문제가 발생하기 때문이다. 상호 중복 금지 원칙 (상법 제23조 제1항): 동일한 특별시·광역시·시·군 내에서는 동일하거나 유사한 상호는 사용할 수 없다.

-동일상호의 판단 기준에 관한 예규 개정 2025.01.02 [등기예규 제1819호, 시행 2025.01.31]
① 등기관은 신청인의 상호가 회사의 상호(지점 및 외국회사 영업소의 상호를 포함한다), 가등기된 상호, 자연인인 상인의 등기된 상호에 대하여 동일상호인지를 조사하여야 한다. 여기에서 왜 지점 및 외국회사 영업소의 상호를 포함하는가? 유사한 경우에 지점 같은 거 검토 안하는 경우 있지 않나?

최종이유적으로

「상법」 제23조 제1항: 동일한 특별시·광역시·시 또는 군에서 동일한 영업을 목적으로 하는 다른 상호는 사용하지 못한다. 이를 동일상호금지 원칙이라고 한다. 예규에서는 왜 지점·외국회사 영업소를 포함하나? 상호의 독점성 유지를 위해서 지점이라도 동일 상호를 쓰면 혼동·오인 우려가 발생한다. 지점·영업소도 등기사항 등기부에 따로 기재되므로 공적 신뢰 보호 필요하다. 외국회사 영업소는 독립적 기능 수행 국내에서 실질적 영업을 하므로 상호보호 필요하다. 즉, 법인은 아니어도 외부에서 '독립적으로 활동하는 사업체'로 보이는 존재이기 때문에 동일한 상호가 또 등장하면 상당한 혼동과 법적 충돌이 발생할 수 있다.

그런데 왜 유사상호 판단 시는 지점이 고려되지 않기도 하는가? 상법 제23조는 "동일상호 사용 금지"가 원칙인데, 실무적으로는 동일 여부보다 더 자주 문제 되는 건 "유사상호"이다. 지점 상호까지 고려하면 지나치게 범위가 넓어져서 실무상 무리이고 지점 상호는 본점 상호와 다를 수 있고, 자체 영업이 제한적이기도 하다.

-동일상호의 판단 기준에 관한 예규 개정 2025.01.02 [등기예규 제1819호, 시행 2025.01.31]
② 등기관은 등기신청된 상호가 타인이 등기한 상호와 동일한지를 판단하기 위하여 해산 또는 파산선고된 회사의 상호에 대하여도 조사하여야 한다. 다만, 청산종결, 파산종결 또는 파산폐지의 등기가 되어 그 등기기록이 폐쇄된 회사의 상호는 그러하지 아니하다. 여기에서 폐쇄된 회사의 상호도 저촉이 되면 안 되는 거 아닌가? 폐쇄된 것은 써도 되는 이유는?

최종이유적으로

회사의 등기기록이 "폐쇄"되었다는 것은? 등기기록 폐쇄는 다음과 같은 경우가 발생하다. 청산종결 등기가 완료된 경우, 파산종결 또는 파산폐지가 확정된 경우는 즉, 회사가 완전히 법적으로 소멸되었음을 의미한다. 더 이상 법인격이 존재하지 않는다. 등기부도 폐쇄되어 공시 대상도 아니다. 주체가 사라졌기 때문에 상호 보호도 종료한다.

동일상호 금지 원칙의 목적은 상법 제23조의 "동일상호 사용 금지"는 상호로 인한 시장 혼동 방지인데 이미 사용하고 있는 자의 권리 보호 거래의 안전과 신뢰 확보를 위한 것이다. 하지만 이미 법적으로 사라진 회사라면, 더 이상 상호를 사용할 수 없고, 권리 충돌도 발생하지 않기 때문에, 상호를 계속 보호할 실익이 없다.

5. 설립의 등기

-회사가 공고를 하는 방법은 절대적 기재사항이다

최종암기적으로

공고 절대-절대 공고-절대온도-온도와 공고를 유사음가로 생각해서 간다. 그래서 공고방법은 절대적 사항이 되고 그것은 절대 온도가 보강을 해준다.

-회사가 공고를 하는 방법은 설립등기사항이다

최종암기적으로

공고 등기-등기 공고 -등기덕쿵더러러러쿵기덕쿵더러러러-등기와 둥기는 거의 완전 유사한 음가이고. 쿵더와 공고는 유사한 음가를 가진다.

-주식회사의 존립기간은 정관의 상대적 기재사항이다

1) 최종암기(1)

존립 기간 상대: 존립: 전립선에는 소팔메토-중에서 전립선 또는 전립선 : 마사지 중에서 전립서

2) 최종암기(2)

상대 존립 기간-상대를 잘못 골랐다-존립과 골랐 이 유사한 음가를 가진다. 세상을 살다보면 상대를 잘 골라야 한다. 교만함은 안 된다.

-투자회사는 발기설립만 가능하다

1) 최종암기(1)

투자 발기 만을 : 투사아들너란다양희은 : 발기적 받기를 해야만 해

암기해설: 굴욕적인 받기는 하지 말라는 뜻이 된다

2)최종암기(2)

투자 모집 안됨-'투자자를모집합니다'그런 따위의 말을 하지 말라고 상업등기법이 강하게 말하고 있다는 의미로 해석하면 된다. 이게 이유나 취지적으로도 그렇지만 이렇게 시퀀스적으로도 암기가 된다고 생각하면 신기하고 신통방통하다.

3) 최종이유적으로

투자를 모집을 해서 사기를 차지 말라는 취지가 담긴 것이다.

-주주총회가 소집권자에 의하여 소집되어 개최된 이상 정족수에 미달한 결의가 이뤄졌다고 해서 그와 같은 하자는 결의취소사유에 불과하다

1) 최종암기

정족 미달 취소: 미달 취소-한치수미달-우리가 과거에 기성복 와이셔츠 같은 것을 살 때 신체사이즈를 재면서 조금 모자라면 한치수미달 과 같은 표현을 쓰고는 했다. 그게 여기에서 적용이 된다.

2) 최종이유적으로

제대로 소집되고 잘 모였기에 정족수 정도는 무효나 부존재로 보기에 힘들다.

-투자회사는 현금출자만 가능하다 즉 현물출자는 안 된다

1) 최종이유적으로

이는 논리적으로 생각해보면 다소 당연하다. 즉 자연논리로 파악한다.

2) 최종암기적으로

투자 현물 안됨-현물 투자 안됨-선물투자-선물투자는 너무도 위험해서 상업등기법에서 진작에 하지 말라고 아서라 선물투자 이렇게 한다고 생각하

자.

-주주총회의 이사선임을 이사회에 위임하는 결의를 하면 이는 총회결의내용이 법령에 위반한 것이어서 결의무효확인의 소 제기가 가능하다

최종이유적으로

대표 이사선임은 이사회로 일임하는 경우도 많다. 다만 이사의 선임은 반드시 주총에서 이뤄져야 한다. 그래서 무효사유이다.

-주식회사 정관관련 주주총회의 특별결의에 의하여 정관변경이 이뤄지면 공증인의 인증이 필요가 없다. 그 논리는?

1) 최종이유적으로

주로 공증인의 개입이 정관에서 필요한 경우는 설립 시에 제3자등 보호를 위해서이다. 이미 설립이 되고나면 그 필요성은 현저히 줄고 그래서 특별결의도 요하게 하는 것이기에 이때는 공증인의 필요성이 적다.

2) 최종암기

특별 공증 불필: 특별검사: 공증하는 즉 공적으로 증명하는 절차는 없어애해

암기해설: 자신이 특별검사이기에 그래서 뽑혔기에 공적으로 증명하는 다른 절차는 없다고 봐야 한다고 본다.

-주식회사 등기신청에 필요한 주주총회의사록에는 의장과 출석한 이사가 기명날인 또는 서명을 한다. 그때 기명날인에는 등기소에 제출한 인감을 낼 필요는 없다. 논리는?

1) 최종암기

사록 인감 필요없: 설록홈즈: 조사를 할 때 인적인감 즉 인감은 필요없다고 봐야해

암기해설: 자신은 가급적 물증에 의해서 판단을 한다는 명탐정 설록 홈즈이다

2) 최종이유적으로

주주총회 의사록은 회사 내부 문서로서, '기명날인'이나 '서명'만으로 효력이 발생하며, 등기신청 서류로 제출할 때는 별도의 인감 제출 의무가 없다. 기명날인과 서명의 법적 의미를 보면 기명날인은 자신의 이름을 직접 쓰거나 날인하는 것으로, 서명은 서류 내용에 대한 작성자 또는 승인자의 의사표시이다. 이는 문서에 대해 본인이 작성하거나 승인했음을 인정하는 본인의 의사표시 행위이며, 별도의 인감(회사 인감) 사용과는 다르다.

주주총회 의사록은 회사 내부 결의 문서이다. 즉 의사록은 회사 내부 의사 결정 과정의 증명자료이고 법률적으로는 회의록 자체가 주주의 의결 내용과 의사표시를 증명하는 역할을 가진다. 따라서 서명이나 기명날인만으로 효력이 인정된다. (회사 인감의 첨부는 필수 아님) 그러기에 등기 신청 시 제출서류와 인감의 관계를 보면 등기신청 시 회사 인감증명서 제출은 주로 등기권리자 또는 신청인의 신분 확인, 법적 대리권 증명에 필요하다. 주주총회 의사록은 단순 증빙자료이며, 의장과 이사의 기명날인 또는 서명만으로도 충분한 증명력이 있다고 판단한다.

-주식회사가 무액면주식을 발행할 경우에는 회사의 자본금은 주식발행가액의 2분의 1 이상의 금액으로 이사회에서 자본금으로 계상하기로 한 금액의 총액으로 한다. 그 논리와 계산 관계?

배경을 설명하면

먼저 무액면주식을 인정하는 이유를 따져보면, 신생기업, 스타트업 등 성장기업은 초기 자본금 규모보다는 실제 투자금액이나 회사 가치에 맞춰 자본금 산정이 필요하다. 그래야 시장 변화 및 투자자 요구 반영이 용이하다. 무액면주식은 이런 시장 환경 변화에 부응 가능하다. 즉 유연한 자본금 관리와 발행가액 설정 가능하기에 액면가가 없는 만큼, 회사가 주식 발행 시 발행가액을 자유롭게 결정할 수 있어 자본금 조달이 보다 탄력적이고 유연해진다. 초기 자본금과 무관하게 시장 상황에 맞춰 발행가액 조정 가능하다. 자본금과 잉여금 구분의 명확화도 중요하다. 발행가액과 자본금을 분리해 계상할 수 있어서 회사의 재무상태를 보다 명확히 파악 가능하다. 자본금은 회사의 기본적 책임재산으로 유지하면서, 주식발행초과금(잉여금)을 별도로 관리하여 재투자나 유보자본 활용에 유리하다.

최종이유적으로

그래도 남용하면 안 되고 관리범위 안에 들어야 하기에 발행금액의 50프로 이상은 자본금으로 하도록 강권한다.

6. 본점이전의 등기

-본점이전을 결의한 주주총회 결의에 무효의 원인이 있음을 확인한 판결이 확정된 때에는 제1심수소법원이 등기를 촉탁한다
이전결무효 일심법촉탁 {이별공식} 이별촉탁

-본점을 다른 등기소의 관할구역 내로 이전한 경우에 신본점 소재지에서 하는 등기의 신청과 구본점 소재지에서 하는 등기의 신청은 구본점 소재지를 관할하는 등기소에 동시에 하여야 한다

최종이유적으로

최종이유적으로 이는 상업등기법 제55조(본점이전등기의 신청)에 나오는데 두 개의 항을 같이 통합해석한다. 즉 ① 본점을 다른 등기소의 관할구역 내로 이전한 경우에 신본점 소재지에서 하는 등기의 신청은 구본점 소재지를 관할하는 등기소를 거쳐야 한다. ② 제1항의 신본점 소재지에서 하는 등기의 신청과 구본점 소재지에서 하는 등기의 신청은 구본점 소재지를 관할하는 등기소에 동시에 하여야 한다. 이것을 통합해서 하면 위의 지문과 같이 된다.

구본점 관할 등기소에서 먼저 처리하게 하는 법적·실무적 이유는 먼저 법률관계의 연속성 확보. 본점은 회사의 법적 중심지로서, 상법상 관할 법원, 재판관할, 공시책임 등과 직결됨. 본점이 바뀌면 관할 행정기관도 바뀌므로, 기존 본점 등기사항이 정리되지 않은 상태에서 새로운 본점만 등기하면 법

적 단절을 우려해서 구본점에서 먼저 "이전" 사실을 처리한 뒤, 신본점 등기를 연속적으로 접수해야 회사 존재의 계속성을 보장한다. 또한 이중등기 방지 (중복 본점 등기 우려 제거)목적도 있다. 구본점에서 폐쇄등기를 하지 않고 신본점만 등기하면, 두 관할구역에 동일한 회사의 본점 등기가 존재하는 이중등기 상태가 될 수 있다. 등기의 일관성과 공시 효력을 위해, 구본점 등기소를 중심으로 등기 경로를 통제해야 한다.

7. 지점의 설치 이전 또는 폐지 등의 등기

-회사의 설립과 동시에 지점을 설치한 경우에는 설립등기를 한 후 2주간 내에 지점소재지에서 지점소재지에서 지점의 설치 등기를 해야 한다

최종이유적으로

사후적으로 지점설치 시는 3주를 잡고 요하기에 그것보다는 다소 짧게 하고 간다.

-지점의 설립등기는 회사설립 이후에 설립한 경우에는 지점을 설립한 후 3주내에 지점소재지에서 등기해야 한다: 3주기간 암기

최종암기적으로

지점 이후 삼주: 지점 삼주=삼주 지점-상주지청장-경상북도 상주지청이다

-지점의 설립등기는 회사설립이후에 설립한 경우에는 지점을 설립한 후 3주내에 지점소재지에서 등기해야 한다: 지점소재지에서의 암기

최종이유적으로

지점등기는 당연히 일단 지점에서 하는 게 기본이 될 것이다. 그렇게 이해

하고 암기한다.

쉬어가는 페이지 끝 팁-설명논리를 잘 만들기

1) 기본 의미

풀어냄은 결국 설명의 논리이다. 술술 풀어줘야 한다.

2) 그야말로 맡 같아서 좋게 된다

지금 구축되는 게 말 같아서 좋다고 느끼면 그것은 제대로 공부되는 것이다. 그리고 굉장히 안정되니 지금 며칠째 해도 크게 동요가 없다면 말이다. 큰 불만이 없이 계속 진행되게 말이다. 다른 갈등 없이 말이다.

3) 스스로 납득이 가능한 설명적 이유를 붙이기 풀어내기

납득이라는 말이 참 중요하다. 그래서 스스로 납득이 가능한 설명적 이유를 붙이기 풀어내기가 되게 하는 것이다.

8. 이사 대표이사 감사 감사위원에 관한 변경등기

-이사 등의 직무집행정지 및 직무대행자선임 가처분등기까지 되어 있는 때는 그 직무집행정지 및 직무대행자에 관한 등기가 말소되기 전에는 직무집행이 정지된 이사 등의 해임 등에 의한 퇴임등기를 할 수는 없다

1) 기초 암기

대행가처분 해임퇴임은 {대갈장군} 대행장군

2) 최종이유

일반조직이나 특히 공직에서 문제가 있는 사람 즉 간부 등에게 마음대로 퇴직을 못하게 하는 것과 비슷한 상황이다.

-이사의 선임 또는 해임의 결의에 있어서 선임 또는 해임의 당사자인 주주는 주주총회에서 의결권행사가 가능하다. 그 논리와 이유?

1) 기본 암기

이게 주주총회라서 그렇다고 봐야 한다. 더욱이나 말이다.

2) 최종이유

국회의원인 국무위원을 생각하면 답이 쉽게 나온다. 즉 행정부와 입법부는 완전히 별개다 라는 논리와 비슷하게 간다.

일단 주주의 의결권은 본질적 권리이며, 법률상 제한이 없는 한 행사 가능하는 논리가 먼저 나온다. 주주는 회사의 소유자로서 의결권을 가지며(상법 제368조), 이 권리는 본질적 주주권으로서 법률상 제한이 있는 경우에만 제한된다. 이사 선임·해임에 있어 당사자라고 해서 의결권을 제한한다는 규정은 없다. 따라서 의결권 행사가 원칙적으로 허용된다.

특히 지금부터의 이유가 중요하고 기억에도 잘 남는다. 이사 선임·해임은 '자기거래'가 아니라 '공적 결정'이다. 이사의 자기거래(예: 회사 재산과 거래)는 이해상충 방지를 위해 특별 규제가 있다. (예: 상법 제398조: 이사와 회사 간 거래 제한). 그러나 이사의 선임이나 해임은 회사의 인사 결정이자 주주의 고유 권한이다. 자기거래로 보지 않고, 일반 주주의 권리 행사로 이해한다. 따라서 자기거래처럼 의결권 제한을 적용하지 않는다.

-이사선임에 관한 주주총회결의 무효판결이 확정되기 전에 그 이사의 사임등기가 있는 경우는 등기관은 그 무효판결 확정에 따른 등기가 있어도 그 이사의 취임등기를 말소할 수 없다. 논리적 근거는?

최종이유적으로

이미 사임을 했기에 그 사실 상태를 지울 수는 즉, 그 족적을 지울 수는 없다는 사실상태의 존중이다.

외관상 등기외관상 취임등기 → 사임등기 → 무효판결 확정이다. 이렇게 되는게 시계열적 완결성 있다. 무효판결은 원칙적으로 취임의 효력 자체를 소급적으로 부정하지만, 사임등기가 이미 이뤄졌다면, 그 취임기간 전체에 걸쳐 이사가 존재했다는 외관은 이미 등기상 정리된다. 이 경우 등기관은 무효판결에 따라 취임등기를 말소할 필요가 없다. 그래서 실무상도 말소 신청이 있더라도 기각 처리한다.

-이사 등의 직무집행정지 및 직무대행자선임 가처분등기까지 되어 있는 때는 그 직무집행정지 및 직무대행자에 관한 등기가 말소되기 전에는 직무집행이 정지된 이사 등의 해임 등에 의한 퇴임등기를 할 수는 없다. 그 논리는?

최종이유적으로

일반조직이나 특히 공직에서 문제가 있는 사람 즉 간부 등에게 마음대로 퇴직을 못하게 하는 것과 비슷한 상황이다. 그러나 어쨌건 본질적인 파악은 좀 더 구체적으로 등기의 연속성과 효과라는 측면에서 접근을 해야 한다.

즉 직무집행정지 가처분은 '임시 법적 상태'를 창출하는 법원의 명령이다. 법원이 이사의 직무집행을 임시로 정지시키는 가처분을 내리고, 이에 따라 등기까지 된 상태라면 그 이사는 법적으로 직무를 집행할 수 없는 '정지상태'에 있는 자이다. 이 상태에서 다시 해임·사임에 따른 퇴임등기를 하게 되면, 법적으로 혼선과 중복이 발생한다. 또한 등기 공시제도의 신뢰성 유지측면에서 등기는 외부 이해관계인이 회사를 믿고 거래할 수 있도록 하는 공신력 있는 공시제도이다. 직무정지 상태의 이사를 '퇴임'으로 다시 등기하면 등기상 그 사람이 직무를 실제로 수행하다가 퇴임한 것처럼 보이게 되어 외관상 오류를 유발한다. 즉 직무정지 상태'가 반영되지 않은 공시 오류가 발생한다. 다시 보면 가처분에 의해 이사는 이미 직무를 정지당한 상태였는데, 그 상태를 반영하지 않고 '퇴임' 등기만 남기면, 등기상에는 마치 직무를 정상적으로 수행하다가 임기 또는 해임에 의해 물러난 것처럼 보인다. 즉, 직무 정지 상태를 건너뛴 채 퇴임만 기록된 등기는 실제 법적 상태(직무정지→퇴임)와 공시된 등기 상태(정상직무→퇴임) 사이에 불일치가 발생한다. 정지상태가 먼저 종료돼야(가처분 말소) 퇴임등기의 의미가 명확히 정리된다.

또한 선후 관계에 따른 등기 제한 원칙에도 어긋난다. 가처분 등기가 남아있는 상태에서는 등기부상 해당 이사는 '직무를 하지 못하는 상태'에 있을 뿐, 퇴임한 자는 아니다. 따라서 그 지위를 바꾸는 등기(해임, 사임 등)는 선행된 가처분 상태를 먼저 말소하거나 해소한 후에 이루어져야 등기 기록이 논리적·법적으로 정합성을 가진다.

-상근하는 임원을 둘 수 없는 주식회사도 사내이사 중에서 대표이사를 선임해야 한다. 그 논리는?

1) 최종암기

사내 중에 대표: 그중에그대를만나이선희: 사내 중에서 대표를 만들어야해

암기해설: 이선희도 여러 가지 회사 관련한 스캔들이 있었다. 그래서 사내에서 대표를 해야지 어설프게 다른 곳에서 데려오면 안 된다는 생각은 투철하다.

2) 최종이유적으로

이 문제는 말이 간단하고 쉬운듯해도 잘 따져서 봐야 한다. 주식회사는 반드시 대표기관을 가져야 하는 '법인'이다. 주식회사는 법인이며, 법인은 자연인이 아니기 때문에 스스로 의사결정이나 행위를 할 수 없다. 따라서 외부와 계약을 체결하거나 법률행위를 수행할 수 있는 대표기관(대표이사)이 반드시 필요하다. 이건 상법상 필수 구조요소이며, 상근 임원이 없더라도 대표이사는 존재해야 한다. 비상근 상근의 여부와는 무관하다.

대표이사는 이사 중에서만 선임 가능하다 (상법 제389조 제1항). 상법은 "회사는 이사 중에서 대표이사를 정한다"고 규정하고 있다. 상법 제389조 제1항: "회사는 이사 중에서 대표이사를 정하여야 한다." 즉, 외부인이나 비이사 중에서 대표를 둘 수 없으며, 사내이사 중에서 반드시 대표이사를 지정해야 한다. 따라서 상근 여부와 무관하게, 법적 대표권 부여를 위한 최소한의 구조로 사내이사 중 대표이사를 둬야 한다. 결국 그래서 비상근이사래도 사내에서 사내이사에서 대표이사를 뽑아야 한다.

대표권의 외부적 공시 및 책임주체 명확화 필요하다. 회사와 거래하는 제3자는 등기된 대표이사를 통해 법률관계를 맺는다. 대표이사가 없는 회사는 법률상 거래 주체로 기능할 수 없다. 이는 공시제도와 법적 책임구조를 붕괴시킨다. 대표이사가 없으면 등기도 불가능하고, 회사는 사실상 대외적 행위 불능 상태이다. 그래서 대표이사는 반드시 있어야 한다. "상근하지 않는다"는 것은 물리적으로 사무실에 있지 않거나 고정급여를 받지 않는다는 의미일 뿐, 법적으로 대표권을 행사하는 데 아무런 제한이 없다. 대표이사는 상근·비상근 불문하고 법적으로 회사 대표 가능하다.

-주식회사 이사전원을 대표이사로 선임하고 그에 따른 등기 신청이 있는 경우 이를 수리하여야 한다. 그 논리는?

1) 기본암기

전원 대표 수리: 전원석(떠나지마): 성악과 나온 가수들 모임에 대표 수리해야해

암기해설: 전원석은 정통 성악과 출신이다

2) 최종이유적으로

전혀 이에 대한 제약이 없고 크게 제도적으로도 문제될게 없기에 이를 허용한다.

-임기만료로 이미 퇴임하였으나 대표이사의 권리의무를 행사하는 자가 임시주주총회에서 다시 대표이사로 선임된 경우에는 임기만료로 인한 퇴임등기 및 새로운 취임등기를 해야 한다. 중임등기를 하면 안 된다

1) 최종이유적으로

'중임'은 임기 중 연속성이 존재할 때만 가능하다. 즉 중임(重任)은 동일한 이사가 기존 임기가 끝나기 전에 또는 바로 이어서 연속성 있게 다시 선임되는 것을 의미한다. 즉 여시서 임기가 끝나기 전에 라는 표현이 아주 중요하다.

그러나 이 경우에는 임기만료로 일단 법적으로 퇴임하였고, 새로운 대표이사로 '재선임'된 경우다. 따라서 '중임'으로 등기하면, 등기상 이사의 지위에 끊김이 없었던 것처럼 잘못 공시되는 문제가 발생하게 된다.

2) 최종암기

퇴임 다시 취임: 이다지: 강사 퇴임 후 이다지로서 다시 취임을 하려해야해

암기해설: 모든 것을 다시 시작하는 이다지강사

9. 보통의 신주발행으로 인한 변경등기

-주주배정방식으로 신주를 발행하면서 종전 주주 전원이 신주인수를 포기한 경우에 이사회 결의로 제3자에게 전부 실권주를 배정하기로 한 경우에 등기신청서에 이사회 의사록 외에 종전주주 전원의 신주인수포기서를 첨부할 필요는 없다. 논리와 근거는?

최종이해적으로

이 경우는 인수포기가 뭐 그렇게까지 아주 위중한 것으로는 보지 않기에 뭐 그정 도는 하는 생각에서 제출을 하지 않게 한 것이다. 다시 보면 상법 및 상업등기법상 첨부서류 규정의 해석으로서 상법 제416조, 제418조 등은 신주발행시 절차, 인수방법을 정하지만 실권주 처리와 관련하여 "주주의 인수포기서를 반드시 첨부하라"는 규정은 없다. 상업등기법 및 시행규칙에서도 신주발행등기 시 필수 첨부서류로 '주주 인수포기서'는 명시되지 않는다. 즉, 이사회가 실권을 확인하고, 실권주를 제3자에게 배정한 결의내용이 의사록에 포함되어 있다면 그 자체로 실권 및 재배정 사실이 공적으로 확인된 것으로 본다.

왜냐? 회사 내부사정은 이사회 결의로 외부 공시가 가능하기에 말이다. 상법상 이사회는 회사의 업무집행기관이므로, 실권 사실 및 실권주 배정은 이사회의 결의에 의해 공적으로 정리 가능하다. '주주들이 포기했다'는 사실은 회사 내부의 의사표시 수합 행위에 불과하며, 이를 이사회에서 정리했다면, 별도로 주주들의 개별 포기서를 첨부할 실익이나 필요 없다.

실무상 등기관 판단 기준을 세움에 있어서 등기소는 실권주 배정에 있어, 이사회 의사록만으로도 실권 사실과 배정 상대방이 명확히 확인되면 등기 수리한다. 예외적으로 문제가 되는 경우는 특정 주주만 의도적으로 제외한 것처럼 보여 불공정 발행이 의심될 때인데 여기서는 전부가 포기했다고 했기에, 그 외에는 등기청도 주주 인수포기서를 요구하지 않는다.

10. 주식매수선택권에 관한 등기

-주주명부의 폐쇄기간 중에 주식매수 선택권을 행사하여 주주가 된 자는 그 기간 중의 총회의 결의에 대해서는 의결권을 행사할 수 없다.

1) 최종암기

폐쇄 의결 없다 : 메가패스 : 너무 빨라서 의결을 하고 자시고가 없어야해

2) 최종이유적으로

이는 그냥 드라이하게 또는 너무도 당연하게 처리를 한다. 그 기간은 주주명부를 확정하는 기간인데 그 때 신청을 하게 되면 혼란이 오기 때문이다.

11. 주식의 상환 및 전환으로 인한 변경등기

-전환으로 소멸되는 주식의 수와 새로 발행되는 신주의 주식수의 비율이 1:1인 경우와 1:1을 초과하는 경우 말고 1:1 미만인 경우에는 허용되지 않는다. 그 논리와 근거?

최종이유적으로

여기서의 전환은 사채가 주식으로 변하는 전환사채 이야기가 아니다.

1:1   : 기존 1주 → 신주 1주 허용됨 (기본형)
1:1 초과: 기존 1주 → 신주 2주 (예: 액면분할적 성격)   허용됨
1:1 미만: 기존 2주 → 신주 1주 (예: 액면병합적 성격)   원칙적으로 허용되지 않음

전환의 본질은 권리의 변경이지 감소가 아니다. 감소가 되어서 주주에게 불리해서는 곤란하다. 1:1 미만(예: 2:1 전환)은 주식 수를 감소시키는 효과가 있어 실질적으로는 감자(자본금 감소) 또는 병합(Reverse Split)과 유사하게 된다. 따라서 이는 전환의 범위를 넘어서며, 실질적으로 다른 절차를 따라야 할 사안이다.

법적 절차 및 주주 보호의 문제를 보면, 감자나 병합은 상법상 엄격한 요건과 절차(예: 주주총회의 특별결의, 채권자 보호절차)가 요구된다. 반면, 전환은 정관의 규정에 따라 이사회 결의만으로 가능한 경우도 많다. 그런데 1:1 미만 전환은 사실상 감자와 유사한 효과를 초래하면서도 그에 상응하는 절

차를 생략하게 되어 주주의 권리를 침해할 우려가 있다. 주주 보호 차원에서 1:1 미만 전환을 허용하지 않는 것이 타당하다.

상법은 명문으로 1:1 미만 전환을 명시적으로 금지하지는 않지만, 실무와 유권해석(예: 금융감독원, 법무부 해석 등)에서는 원칙적으로 허용되지 않는 것으로 해석한다.

12. 준비금의 자본전입으로 인한 변경등기

-자본전입이 가능한 준비금은 법정준비금에 속한다

1) 기본암기

자본준비 법정준비 {자연법칙} 〈자본법칙〉 〈자본법정〉

2) 최종이유

준비금의 자본전입이 가능한 것은 법정준비금에 한한다. 그게 임의 준비금 영역까지 가면 주주의 이익을 많이 해치기에 말이다. 배당은 안 해주고 말이다.

-이익준비금은 법정준비금에 속한다

최종이유적으로

이는 논리적으로 외우되 기본적으로 회사가 돈을 남기는 방법 내지는 모습이 이익 아니면 이익이 아닌 다른 것, 이렇게로 나눠짐을 염두에 둬야 한다. 법정준비금은 그러한 두 개의 준비금 즉 이익준비금과 자본준비금을 포섭하기 위한 굴레이지 아주 개념필연적인 것은 아니다. 그래서 법정준비금을 넘어서는 부분은 임의준비금이 되어 버린다.

그냥 생각해보면 법정준비금의 반대말이 임의준비금이니까 이익이 난 것에서 여유가 있어서 어떤 특정목적을 위해서 임의준비금을 만들 수 있으니까 그런 이익준비금에서 임의준비금이 나온다고 착각할 수 있다. 그러니 임의준비금은 분명히 이익에서 나오는 것이기는 해도 그게 이익에서 나오는 것이지 이익준비금에서 나오는 것은 아니라는 것을 분명히 알아야 한다.

13. 주식배당으로 인한 변경등기

-액면주식의 금액은 균일하여야 한다. 종류주식을 발행한 경우에도 균일해야 한다. 의미와 근거?

1) 최종암기

종류 주식 균일 : 박종유변호사 : 법제검토를 해도 주식은 균일하게 가져야 해

암기해설: 박종유변호사는 법제연구에 탑클래스 변호사이다

2) 최종이유적으로

자본금의 계산과 자본 유지 원칙 때문에 이렇게 한다 즉
자본금 = 액면가 × 발행주식수
이식에서 액면이 균일해야 자본금 계산이 명확하고 회계처리가 일관된다. 자본금은 채권자 보호 장치이므로, 형식적 명확성이 중요하다. 액면금액이 주식마다 다르면 동일한 권리 단위(1주)임에도 불구하고 자본금 기여도가 달라져 자본금 계산의 혼란과 자본 유지의 왜곡이 생길 수 있다.

종류주식과 액면가의 관계는 권리만 다를 뿐, 금액은 동일하다. 종류주식은 "권리의 차이"를 전제로 할 뿐, 액면의 차이를 허용하지 않는다. 예를 들어 우선배당, 의결권 배제, 전환권 부여 등이 있다. 그러나 액면금액은 동일한 틀 내에서 운용되어야 한다.

14. 전환사채 신주인수권부사채의 등기

-주식에는 현물출자도 인정되지만 사채는 금전납입만 인정된다. 그 취지는?

1) 최종암기

사채 금전만 : 베르사체 : 베르사체는 금전만 다룬다고 봐야해

암기해설: 베르사체 동전지갑을 보면 얼마가 베르사체가 금전을 탐하는지가 나온다

2) 최종이유적으로

주식은 회사에 대한 "소유 지분"의 대가이므로 금전 외의 자산(현물)으로도 납입이 가능하지만, 사채는 "채권"이라는 성격상 회사가 나중에 갚아야 할 '빚'이기 때문에 금전으로만 납입되어야 하며, 그 외 자산으로는 허용되지 않는다.

-사채의 납입이 있었음을 증명하는 서면은 발행회사 또는 수탁회사가 작성한 서면이라도 무방하다. 취지는?

1) 최종암기

발행 수탁 무방 : 존스탁턴(유타재즈 농구선수) : 휴가권발행은 수탁턴가족

으로 해서도 무방해야해

암기해설: 아이들을 자기 밴으로 데려다 주는 아주 가정적인 사람인데도 슈퍼스타이다.

2) 최종이유적으로

사채는 자본금으로 편입되지 않기 때문이다. 주식 납입의 경우, 회사 자본금이 증가하고 주주의 권리가 발생하므로, 납입의 확실성·객관성을 위해 은행 등 외부 기관의 납입증명서가 요구됨. 하지만 사채는 부채다. 자본금 증가와 무관하고, 납입자는 단순 채권자이므로, 납입의 외부 증명까지 강제할 필요가 없다. 사채 납입의 법적 성격이 "단순 금전소비대차"에 가깝다. 사채 납입은 본질적으로: "회사가 돈을 빌리는 행위"이고, 이는 계약 관계에 가깝다. 따라서 회사가 자체적으로 납입 사실을 증명하거나, 수탁회사가 이를 기록·확인하는 것만으로도 충분하다. 그래서 실무상 유연성과 신속한 조달을 고려해서 한다.

-전환사채 발생할 때 조정산식을 정해둔 경우 그 산식에 의해서 전환가액이 변하면 변경등기를 해야 한다.

1) 기초암기

산식모멘트법+영양변경법을 같이 해서 외운다. 그래서 영양변경법은 영점을 산식모멘트로 조정이라고 외운다. 좀 더 간단하게는 산식변경 변경등기 {산

해진미} 산식먹을거 산식바꿔 로 암기한다. 먹을게 쏟아지더라 식으로 가야 한다

2) 최종이유적으로

왜 등기를 해야 하는가? 투자자 및 채권자 보호 때문이다. 전환사채는 일정한 조건 하에 주식으로 바뀌는 특수한 채권이다. 전환가액이 바뀌면, 전환될 주식 수량이 달라진다. 기존 주주, 미래 주주, 투자자들의 지분율·가치에 직접 영향이 간다. 그래서 공시 기능 확보가 된다. 전환사채의 전환가액은 등기사항이다. 누구나 등기부를 통해 해당 조건을 열람 가능해야 한다. 변동된 전환조건을 공시하지 않으면, 외부 투자자와 이해관계인이 오해하거나 잘못된 판단을 할 수 있다.

-전환사채는 1명 또는 2명의 이사를 두고 있는 소규모 주식회사는 주주총회 결의로 발행한다. 이것을 일반회사와 비교해서 액티브 하게 이해하면?

1) 내용해설

원문은 상법 제383조 제4항이다. 그래서 기출지문으로는 자본금 총액이 10억원 미만으로 2명의 이사만을 둔 회사의 경우에는 대표권을 행사하는 이사가 전환 사채의 발행을 결정한다.

2) 최종암기

일이 전환 주총 : 일리일리커피머신 : 일리커피로 해서 기분전환을 하심을 주청해야해

암기해설: 기분전환에는 좋은 커피가 최고라고 주청드린다

3) 최종이유적으로

전환사채를 일반회사는 "이사회가 중심, 주총은 간섭 금지" 주주총회는 개입 못 한다. (단, 이사회가 요청할 수는 있음) 이유? 전환사채는 경영상 판단이므로, 전문성 있는 이사회가 결정해야 한다는 논리다. 반면에 소규모회사는 "이사회가 사실상 없으니 주총이 직접" 1명 또는 2명 이사만 있는 경우, 이사회 구성 요건 자체가 안 됨. 이사 수 3명 이상이 이사회 요건(상법 제389조의3). 이사회가 없으니 결정할 방법이 없다. 이 경우 주총이 직접 발행 결정한다.

전환사채는 경영상 판단이므로, 전문성 있는 이사회가 결정해야 한다는 논리다. 이렇게 되면 주주들에게 불리하거나 피해가 갈수도 있지 않은가? 그래서 보완조치가 존재한다. 즉 지분 희석 가능성 전환사채가 주식으로 전환되면, 기존 주주의 지분율이 낮아짐. 의결권 구조 변화 특정인물에게 전환권 부여 시, 향후 지배구조에 중대한 영향을 미친다.

먼저 전환사채의 전환 조건은 '등기사항' 외부 공시 의무로 정보 제공하고, 주주는 이를 통해 감시 가능하다. 주주에게 불공정한 조건 시, 이사회 책임 발생한다. 경영진이 사익 편취 목적으로 전환사채를 악용하면 상법상 임무해태책임(제399조) 또는 신주발행무효의 소 등으로 제재 가능하다. 마지막

으로. 신주 인수권 부여 방식이 아닌 전환 방식 선택 시 정당성 필요하다. 전환사채는 일정한 조건 하에 주식을 부여하는 것이므로, 정당한 사유 없이 특정인에게 유리한 조건 부여 시 신주발행의 무효 가능성 인정된다. (판례 있음)

-전환사채의 전환으로 인한 변경등기는 본점소재지 관할 등기소에서 전환을 청구가 있은 달의 말일부터 2주간 내에 신청해야 한다. 이것이 이렇게 된 게 사연이 있나? 이렇게 복잡하게 달의 말 일부터 2주간이라는 식이 말이다.

최종이유적으로

해당 조항은 상법 제516조의3 및 상업등기규칙 등에서 나오는 전환사채의 전환에 따른 등기 기한에 관한 규정인데, 왜 그렇게 "전환 청구가 있은 달의 말일부터 2주간"이라는 방식으로 정해졌는지를 봐야 한다. 이건 단순히 행정적 편의가 아니라, 법률적·실무적 필요에서 비롯된 것이다. 왜 '전환청구가 있은 날'이 아니라 '그 달의 말일'인가? 그것은 집중 처리와 효율성 때문이다.

전환사채는 다수의 투자자가 임의의 시점에 전환 청구를 할 수 있다. 이를 전환 청구가 있을 때마다 등기하도록 하면, 수시로 변경등기를 반복해야 하므로 행정적으로 부담이 크다. 따라서 '그 달에 전환청구가 있었던 것들'을 한 번에 묶어서 처리할 수 있도록 "그 달의 말일 기준"으로 정한 것이다. 그래서 그에 따라 회계처리 및 자본금 변동 기준의 일원화시킨다. 회계처리나 주식발행내역 등 회사 내부 기록에서도, 자본금 변동은 특정 시점을 기준으로 명확하게 해야 한다. 이 역시 월 단위로 구분하면 내부 보고나 외부 공시에서도 정리가 쉬워지고, 자본시장 안정성에도 기여한다.

왜 '그 달 말일부터 2주간'인가? 현실적인 등기 준비 기간 확보로서의 의미를 가진다. 전환청구가 있은 즉시 등기를 하려면 회사가 청구서를 수령하고, 이사회 결의나 기타 절차 없이 바로 처리해야 한다. 그러나 실제로는 변경등기 서류 준비, 변호사나 법무사의 검토, 내부 승인 등의 절차가 필요하다. 따라서 '그 달의 말일 기준으로 보고, 2주간'이라는 유예 기간을 둠으로써 현실적인 준비 기간을 부여한 것이다.

15. 과태료 사건

-법원이 등기관의 과태사항통지에 따라서 과태료 재판절차를 개시한 후 등기관으로부터 해당과태사항통지를 취하한다는 통지를 받아도 과태료재판절차를 정지하지 않는다

1) 최종암기(1)

과태 취하 않는다 : 취하는로맨스김세정 : 술취하는게 과태대상으로 않는다고 봐야해

암기해설: 술에 취하는게 관대하기에 이런 제목으로 드라마를 만든다

2) 최종암기(2)

과태 취하 정지 않는다-연세대학교치의에과과대표-그런 치의과의 과대표생활을 80년대에 한 사람들은 참 괴로웠다. 정지하지도 못하고 말이다.

3) 최종이유적으로

사법권의 독립성 보장이라는 거창한 측면도 작용한다. 행정기관의 판단만으로 법원의 절차가 좌우되지 않도록 함을 한다. 법원이 자체 판단으로 과태료 부과 여부를 최종 결정할 수 있도록 보장한다. 그것은 절차의 안정성과 공정성 확보가 수반된다. 사건이 법원에 회부된 이후에는 그 절차가 임의로 중단되거나 휘둘리지 않도록 하기 위함이다. 무분별한 통지 취하로 인해 절

차가 남용되거나 불공정하게 흐르는 것을 방지하여 실질적 심리를 통한 판단 유도한다. 과태료가 부과되어야 하는 사안임에도 불구하고, 행정기관이 내부 사정 등으로 취하하면 책임을 회피할 가능성이 있다. 법원이 사안을 실질적으로 심리하여 과태료 부과가 필요한지 판단하게 한다.

-과태료의 재판은 검사의 명령으로서 이를 집행하는데 집행을 하기전에 재판의 송달을 하지 않는다. 그 논거는?

1) 최종암기

과태 송달 않는다 : 마테 : 예수님이 죽은 소식은 송달안한다고 봐야해

암기해설: 예수님의 열두제자중 핵심제자

2) 최종이유적으로

과태료 집행 전에 재판의 송달이 필요 없다는 과태료는 형벌이 아니므로 형사소송법의 송달 규정이 적용되지 않는다. 이것이 중요한 논거가 된다.

-과태료 재판에 대한 즉시항고는 집행정지의 효력이 있다

1) 최종암기(1)

과태 즉시 정지 : 과대표 : 주기치시장 가려는 것 즉시정지해야해

암기해설: 반일파과대표이다

2) 최종암기(2)

이는 상당히 헷갈릴 요소가 많아서 같이 흥얼거리면서 외운다.

정지되는 (것) 과태료재판 즉시항고 올라잇

-상법상 지배인의 등기를 해태한 것은 과태료 부과대상이 아니다

최종암기적으로

지배인 과태료 아니-카대병원치과의사박지혜-안될 수도 있다. 꼭 인생이 자신의 입맛대로만 되는 거 아니니 말이다.

-회사의 등기를 해태한 경우에 과태료에 처해지는 자는 회사가 아니라 회사를 대표하여 등기를 신청하여 할 자이다. 그 논리는?

최종이유적으로

이는 법률의 결단의 문제다 여기에서는 등기관련해서 대표자에게 책임을 가

는 것으로 하지만 세법에서는 법인이 납세의무가 있다고 명시하고 있다. 그런 식으로 두 개를 대비해서 기억을 한다.

-주식회사의 이사가 사임하였지만 후임자가 없어서 이사로서 권리의무를 계속할 때는 그 사임한 이사의 퇴임등기기간의 기산일은 후임자의 선임일이다.

최종이유적으로

퇴임일이 아니다. 논리적으로 당연한 것이기도 하다. 사람이 없어서 후임자가 없어서 안 그만 두고 어거지로 하고 있는 것인데 새로운 사람이 오면 그때부터 카운트가 되어야 하니 말이다.

Part 2. 학습의 팁

1. 풀어내는 식으로 공부하기

-의미

이는 난해한 지문 내용을 더 내용을 술술 풀어주는 의미를 가진다. 특히 기본적으로 객관식으로 주어지는 문제풀이 명제가 맞고 틀림에 대한 판단에서 작용이 된다. 이는 유명한 서울대 법대 C 교수방법에 해당한다. 누구인가에게 설명하듯이 이야기 하는 게 제일 좋은 방법이라는 식의 설득이다.

-순순한 흐름

말이 흐름이 스스로 보기에 그리고 남들이 보기에도 참 순순히 설명해준다는 느낌이 들게 해야 한다. 그냥 마구가 아니라 말이다.

-평면적으로 보던 책과 그 설명을 다 뜯어내는 느낌

1) 기본 의미

지금의 과정은 다 하나하나 새로 뜯는 것이다. 새로 뜯어내는 것이다. 필자의 내용설명을 보면 아마도 여러분들이 아 이것은 기존의 교과서에서는 잘 나오지 않은 표현인데 쉽다. 그게 바로 그런 식으로 그 설명을 다 뜯어내는 느낌으로 접근하는 것이다. 혹시 아주 부분 부분은 사람의 감정에 따라서는 다소는 좀 두서 없기는 해도 필자의 설명으로 좀 쉽게 이해를 하고 가는 것은 된다고 느끼게 될 것이다. 그게 바로 자연스러운 것이고 쉬운거다.

2) 더 풀어내는게 더 짧아지는 것이다

역설적이지만 고수들은 안다. 더 풀어내는 것이 더 풀어헤치는 것이 더 오히려 짧아지는 것이 된다.

-설명 논리를 잘 만들기

1) 기본 의미

풀어냄은 결국 설명의 논리이다. 술술 풀어줘야 한다.

2) 그야말로 말 같아서 좋게 된다

지금 구축되는 게 말 같아서 좋다고 느끼면 그것은 제대로 공부되는 것이다. 그리고 굉장히 안정되니 지금 며칠째 해도 크게 동요가 없다면 말이다. 큰 불만이 없이 계속 진행되게 말이다.

-기서결식 사고도 중요하다

그냥 마구 이야기 하는 것보다 아주 간략한 것이라도 기서결식 사고로 이야가 한다, 물론 시험장에 가면 그런 호흡을 할 시간이 많지 않으니 말이다.

-잘 될수록 자신의 근거 학습파일 서브노트가 튼실해 보인다

스스로 파일이 좀 부실부실해보이는 면이 있었는데 이제는 좀 더 간다는 식으로 해서 더 튼실하게 느껴지도 든든해져서 스스로 의지할 수준이 된다.

-문제집과 별도의 자기 학습파일의 기능이 확실하게 잘 분리가 된다

문제집 등이 지저분해지지 않고 깔끔해진다. 과거에는 이렇게 뭐가 많이 붙은거 보면 언제 다하기 아 이건 뭐지 개념이 생기는데 잘 마스터가 되면 내용의 핵심이 개념으로 바뀐다.

-하나의 소 테마에 자신이 스스로 이야기할 거리가 좀 자연스럽게 붙는다

뭔가를 내가 테마에서 이야기를 해봐야지 하고 시도를 할 때도 그게 자연스럽지 못하면 그것을 억지로 외워야 할 대상으로 생각하게 되는데 그러지 않고 자연스럽게 자신에게 설명으로 아니면 설명하는 능력으로서 존재하게 느낀다.

-결정적 한두마디가 이해와 본질을 파고 들어간다

1) 기본 의미

좋은 지식은 절대로 장황하지 않다. 중요한 거 한두말인데 그게 좀 숨겨져 있는거 아닌가? 스스로도 잘 표현한 것을 보면 아, 그게 그렇게 연결이 되는구나, 그게 그런 큰 뜻이 있구나하고 생각하게 된다.

2) 이거냐 저거냐에서의 강력한 한방

이거냐저거냐의 갈등상황에서 강력한 한방도 의미가 있고 중요하다. 한쪽으로 갈 수밖에 없는 좀 더 과격한 표현도 섞어가면서 쓰면 기억도 남고 논리도 산다.

-효율적인 논리를 만들수록 암기의 부담은 덜하다

그전의 공부들은 설명논리가 희박하니까 자꾸 끄나풀을 가지고 외우려고 아등바등하게 됨을 느낄 것이다. 그러나 설명논리가 좋으니 명문대 C 교수식으로 하면 깔끔히 설명이 되니, 기억적 아등바등이 없어짐을 느낀다.

-이렇게 술술 풀어내지 않으면 너무 어려운 과목들은 풀어내기가 너무 힘들다

어려운 과목일수록 논리와 유기성이 중요하다. 그래서 이렇게 술술 풀어내지 않으면 너무 어려운 과목들은 풀어내기가 너무 힘들다. 그야 말로 돌 씹는 기분이다. 그러기에 반드시 이렇게 논리로 술술 가게 풀어내야 한다.

-나름 평석가라고 생각하고 자신있게 적어보자

틀려도 좋다. 어차피 학습을 위한 것이다. 나름 평석가처럼 생각하자. 유연하고 논리적으로 잘 설명하는 데에 도움을 준다.

2. 대화 내지는 대화체를 염두에 두고 생각하기

-의미

지식을 풀어냄에 있어서 대화는 기본이다. 마치 소크라테스와 플라톤이 대화를 통해서 진리에 이른 것처럼 대화는 그런 기본을 가진다.

-질문과 답 구조

우리도 무엇인가를 읽어가면서 어떤 정보를 흡수해가면서 그것에 대해서 모르는 것이 나옴은 어찌보면 아주 당연한 것이다. 그것을 해결하는 가운데에서 답이 나오고 그게 그 학습의 정수가 된다.

-유능한 강사들의 비유

유능한 강사는 그것을 공부하는 학습자들이 무엇을 모르는지에 대해서 아주 잘 아는 사람이 된다. 그런 포인트를 일단 잘 알고거기에 어떤 이야기를 해줘야 좋아할지에 대해서 잘 이야기 해주는 사람이 좋은 강사가 된다.

-계속 자신의 표현을 가다듬어야 한다

특히 뛰어나다고 자타가 공인하려면 그 직관적 해설 꿰뚫는 용어들이 되어야 한다. 그러기 위해서 계속 가다듬고 정돈을 해야 한다.

-좋은 대화법이 되려면 좋은 질문이 나와야 한다

학습자인 나의질문요령과 접근이 나쁘지 않으니 좋은 대답이 나오게 된다. 이런 질문들이 또 새로운 지식의 페러다임이 된다. 기존의 책들에서 해주지 않았던 것 말이다.

-스스로 단정하고 외부로 표출해 보임의 우수성

그런 것을 자신의 파일에 담아서 노트에 담아서 외부로 표출을 하면 스스로 꽁하게 가지고 있던 것들의 지식이 달라짐에 대해서 느끼게 된다.

-묻다보니 이해되고 묻다보니 합격이다

말 그렇게 된다면 아주 좋은 시스템이고 그간의 학습체계를 부정하는 것이다. 이제는 누가 잘 질문을 세우는가가 중요한 것이 된다. 이런 페러다임이 되면 해당 시험에 대한 접근도 최근 몇년에 뭐가 바뀌는 것이고, 극단적으로 학원도 필요 없게 되고 하는 상황이 된다.

-질문받아주는 선생님

우수학생들은 말한다. 아, 과외선생님까지는 필요 없고 질문 받아주는 분이 있으면 좋겠다고 하고 말이다. 특히 고교시절의 최난제 과목인 수학 등에서는 말이다. 그런 마음으로의 자문자답 또는 대화식 공부를 지향한다.

-감정적 단어를 써서 표현해도 된다

'흥'같은 단어를 써도 된다. 학습의 목적만 달성한다면야. 흥 같은 사실적 논리들이 만들어진다.

-스토리라인의 형성

오티티가 더 유행할수록, 넷플릭스의 비중이 더 커질수록 스토리의 중요성이 커지고 있다. 그것을 공부에 대입을 해보면 대화가 스토리 라인이 되기도 한다. 즉 대화의 저술인 플라톤과 소크라테스의 대화처럼 인공지능과 나의 대화를 저술로 담게 된다. 그것은 본론에 대한 것이다:

3. 좋은 변화로 바뀌는 학습 주변 여건들이 변화

-의미

책이나 기타 여러 가지 여건들이 이런 변화로 어떻게 달라지는지에 대해서 소개한다.

-교과서(문제집)의 변화

1) 기본 의미

부담을 주고 이거 언제다 보나 하는 존재에서 아 그래 이것도 결국에는 핵심의 싸움이고 그런 핵심이 잡혀지면 쉽게 전진하는구나 하는 생각이 들게 한다.

2) 단권화의 기능적 원리에 접근

 (1) 일단 단권화에 유리

그렇게 되면 단권화의 원리에 아주 충실히 가게 되는가? 그렇다 물리적 단권화를 뛰어 넘는 기능적 단권화는 학습자로서는 아주 환상의 세계다. 그렇게 가고 있다고 느낀다면 과목 정복과 합격은 따 놓은 당상이다.

 (2) 중복성 검토의 효율성

내용에 대한 이해가 깊어지고 강해지면 내용적 중복성 검토도 뛰어나져서 단권화도 실질적으로 잘 일어난다.

3) 무기화

다듬어진 실력 다듬어진 무기라는 말이 실감이 난다. 그래서 스스로 이 책들정도의 것이면 법조로 치면 연수원급이어서 대한민국 OO분야 기술로는 최고 등급인데 하고 생각을 하게 된다. 제대로의 OO 과목의 책을 갖고 다니는 셈이 된다.

4) 자꾸 더 연결시키고 싶고 더 밝혀보고 싶어 한다

고수들은 말한다. 지식이 도가 올라가면 결국 연결이 되는 것이라고 말이다. 그래서 그게 자꾸 밝혀내는 것 자꾸 연결시켜가는 것을 시도하게 되는 것이 된다. 새 지식들은 새로 분화되어서나오는 것이다.

-책에 있는 지식들의 가치

1) 박물관은 살아있다

영화 박물관을 살아있다를 보면 박물관의 전시물들이 밤에는 살아서 움직인다. 그것처럼 그간 평면적으로 생각한 자식들이 살아서 움직인다. 그래서 이런 지식들의 가치는? 하고 스스로 생각해보게 된다.

2) 지식덩어리의 변화

지식이 예를 들어서 OO법의 경우에 이렇게 하나 하나 풀리면서 전체적 장악은 내게 어떤 모습으로 다가오는가? 그것은 낱낱의 지식이 아주 유기성을 띄어서 결국 크게 덩어리로 와도 내가 버틸수 있다는 식으로 가게 된다

3) 마인드 맵에서의 유기성

마인드맵 공부기법을 보면 지식을 잇게 되는데 그것을 어떤 이들은 언제저 이음을 다 외우지 하지만 지식이 이해도가 커지면 그런 유기성이 억지로 외우려 해서 외워지는게 아님을 알게 된다

4. 심리적으로 긍정적 변화가 찾아온다

-비유: 에이스 투수처럼

'내가투수라면 저렇게 꽂아 넣을 수 있나' 하고 프로야구를 보면서 생각을 해본 사람들 많을 것이다. 이렇게 지식이 내 것이 되면 내가 에이스투수가 된 기분이 된다.

-심리적으로 갈등 없는 아침과 새벽을 맞는다

공부를 하면서 학습에 매진하면서 제일 힘든 시간이 새벽과 이른 아침이다, 저녁과 밤은 그렇게 가는데 특히 자고 일어나서는 불안감이 마구 올라온다. 그런데 이렇게 제대로 공부를 해놓으면 그런 갈등이 사라진다. 그래서 심리적으로 갈등 없는 아침과 새벽을 맞는다.

-열정을 계속 간직하게 가는 시스템

우리는 사람이기에 공부에 대한 열정은 수시로 바뀌는가하는 질문에 자신있게 계속 열정이 유지가 된다고만은 이야기를 할 수 없다. 그러기에 그런 열정을 계속 간직 할 수 있는 시스템이라면 참 좋을터인데 말이다. 내가 알면 더 열심히 하게 된다. 그런 나의 열정을 잘 담을수 있는 구조가 지금의 공부 시스템 구조라고 보면 된다.

-풀어나가는 심리의 발생

법률로 치면 판단 결과의 회의론에 내가 너무 많이 빠져있던 것도 사실인데 이런 식으로 해결을 해서 좀 잘 해쳐나갔다는 성공사례도 많이 수집된다.

5. 지식을 돌출 정도로 하려면 노래 암기가 최고다

-의미

우리가 거인의 어깨에 올라타는 셈이라고 잘 이야기를 하는데 이게 마치 그런 거인의 어깨에 올라타는 정점에 있다고 봐야 한다. 노래는 우리에게 잘 써먹으라고 팔 벌리고 있다. 말죽거리 잔혹사에서 현수하고 싶은 거 다 해 하는 김부선처럼 말이다.

-암기라는 게 보는 것만으로 되는 게 아니라서

당연한 이야기지만 자주 보기만 한다고 샤워하듯이 하기만 한다고 외워지는 게 아니다. 그래서 어떤 노력이 필요한데 그런 노력의 결정판으로서는 이제 중요하다.

-장점: 무에서의 유의 형성효로서는 세계 최강

특히 세법처럼 정말로 무에서 유를 형성해야 함이 큰 과목은 이렇게 해서 형성을 시키고 '오 박OO, 아주 대단한데'하고 스스로를 다독일 수 있다.

-장점: 가만히 틀어놓고 반복하는 편한 효과

가만히 틀어놓고 반복하는 편한 효과를 기대하는 게 가능한 것도 여기서의 장점이 된다. 특히 시험이 다가올수록 불안한데 이런 게 지식으로 나를 지지한다고 치면 위로 효과, 위로적 지지효과가 크다.

-장점: 그래도 칙칙한 수험생활 중에 운율이 가미되는 효과

그래서 아주 칙칙할 수 있는 수험생활, 학습생활에 운율이 가미되어서 양념적 효과가 된다.

-장점: 가장 가시적인 유형적인 공부

공부의 가장 힘든 점은 참 뭘 해도 나에게 나를 중심으로 나의 뇌를 중심으로 해서는 뭐가 남은 게 없다는 점이다.

-장점: 책 읽음이 훨씬 더 수월해지고 마음이 덜 쓸쓸하다

특히 무에서 유를 하는 과목의 경우에는 참 읽으면서도 '아이 씨, 이걸 읽으면서도 외워내야 하는데 그게 되나'하고 자책을 많이 하는데 노래가 수반이 되면 완전 암기가 되지 않아도 그래도 기분 좋게 좀 더 안도감을 가지고 책을 읽어내게 된다.

어떤 무엇을 하더라도 확인적 의미의 독서에서 즉 읽으면서 기억을 해내야 하는 독서에서 제일 좋은 방법이다.

-장점: 생활화적 공부

노래에 미친놈 같은 식으로 그야 말로 자나 깨나 공부가 가능하다.

-노래는 가급적 먼 노래보다는 자신의 애창곡을 위주로 한다

-그림하고 결부가 되어야 더 강한 효과를 가지고 온다

그림하고 내용이 결부가 되어야 더 강한 효과를 가지고 오게 되기에 서로 시너지를 노린다.

-노래를 잘 선정하는 것도 그 과목에 대한 실력과 혜안이 생겨서 그런 것이다

그렇게 붙이게 하기 위해서 노래를 잘 선정하는 것도 그 과목에 대한 실력이 생겨서 비례적으로 생기는 모습이다.

-비유: 곳곳에 깔린 지뢰들이 공격을 도와주는 느낌

아 많이 형성이 되었다. 폭탄들이 많이 도와 준다.

6. 8진법

-그림이 최종이다

연상의 최고봉은 그림이다. 그게 마땅한 적절한 것을 넣기가 그래서 그렇지 말이다. 그러나 우리가 어차피 일반적이고 딱딱한 것을 외우기 위해서 별개 개념이 필요하다면 이렇게 그림을 차용해서 외움은 아주 좋다. 즉, 중간과 중간이 연결이 되어서 최고조로 간다.

이러면 지식에 특히 그냥 활자화된 지식에 만개의 꽃을 피우게 되는 셈이 된다.

로마인들은 위대했다. 그냥의 상상속의 그림과 진짜로 존재하는 그림은 천지차이이다. 영원하라 로만이여 영원하라 로마인들이여

공부라는 컴퓨터에 그래픽 카드를 달아서 날개를 달아가는 셈이다.

글자로만 공부하는 것과 비교하면 픽셀로는 거의 100배의 것을 활용하고 그만큼 노력이 감쇄되고 하는 것이다.

-뇌의 이중성에 가장 잘 맞는다

뇌는 기억하려고도 하고 까먹으려고도 한다는 사실이다. 안 까먹으면 터져 버리는 게 뇌이다.

-그림이 사고를 전진시키고 사고를 확장시킨다

그림이 사고를 전진시키고 사고를 확장시킨다. 바로 그것을 전진시키는 그림이라도 붙여야 한다.

-전혀 안 쓰던 뇌의 영역을 쓰는 셈이어서 좋다

-8진법과 이어져서 그림과 그림간의 연결 히어라키를 노린다

이게 맞다면 8진법만으로 하기에는 무리가 있음을 스스로 인정한 셈이다.

-그림의 개수가 합격과 관련한 심적 안정의 지수를 증가시킨다

-두문자의 최대약점인 이게 어디에 쓰는 건지 모르겠다의 극복

그림을 잘 사용해서 그게 어디서 나온건지 모르겠다는 최대한 해소한다. 그것은 두문자의 최대 문제점이다.

-비유: 기억의 바벨탑 쌓기

비유적으로 이야기를 하면 이런 식으로 해서 바벨탑 쌓듯이 하는 것이다.

-무조건 열심히 한다고만 암기가 되는 거 아니다

하수들은 무조건 적극적으로 하자고만 했다. 그러나 시스템이 중요하다.

정말로 안 들어가는데 그렇게 들어가는 그렇게 끼우는 대단한 방법을 알아낸 것이 이것에 해당한다. 이런 식의 것은 회계학 같은 어려운 과목에서도 적용이 되게 된다.

-밀이 어려워서 공부가 어려운거다

-공부는 말이다

공부는 말이다. 결국 또 보니 말말말인데 시퀀스적 운율적 말이 중요하다.

-시간순삭도 좋다

과거에는 밑 빠진 독에 물붓기로 써야 할 시간이 많았는데 말이다.

-그림이 한 몸으로 되는 게 중요하다

그림이 흐트러지면 안 된다. 자연스러운 연상을 노리게 그림이 한 몸으로 되는게 중요하다.

-한 몸으로 표현하든지 강력한 연쇄관계로 표현하든지

한 몸으로 해서 한 덩어리로 표현을 하든지 아니면 강력한 연쇄관계로 표현하든지 해서 강하게 효과를 가지고 오게 해야 한다.

-하이브리드덩어리를 통해서 머리가 바꿔지는 게 최종의 모습

그간의 세상질서와는 좀 다른 이어진 질서로 채워진 머리를 만들어야 한다. 어차피 시험이 그간의 생활질서와는 틀리거나 다른 게 아닌 좀 무관한 것을 가지고 외움을 강요하니 우리도 그에 버티고 대항하기 위해서 이렇게 한다. 남들도 그것을 버티는 방법 중의 하나가 두문자다.

그러니 나도 새롭게 또 외워야 할 게 나오면 다른 생활요소시퀀스를 가지고 와서 대항을 하게 한다.

그런데 그렇게 다른 것을 채우는 게 그냥은 안 되니 행동강령인 파일이 존재해야 하고 그 파일도 정적 성격을 가지니 그것에 동적 성격을 부여하기 위해서 살아있는 덩어리라고 표현을 한다. 즉 책과의 별개의 유형적 성격을

가지고 있음을 보여주기 위해서 살아있는 덩어리라고 한다.

-하이브리드가 되면서 지식이 무에서 유 생명체적 지식이 된다

무엇이든지 살아있는 게 좋잖아하는 마음으로 접근을 해본다. 학습자인 내가 살아있는 게 좋음을 활용하자. 그래서 몸이 기억하는 공부가 되기도 한다. 마치 비유적으로 춤판 벌이기 덩어리는 수화처럼 몸짓과 몸이 기억하는 공부가 되는 게 좋다.

-인간의 도리로서의 제대로 공부가 된다

문제를 푼다고 할 때의 인간은 풀어서의 인간이다. 그래서 인간의 도리로서의 제대로 인간으로서 공부가 된다. 만약에 랜덤하게 본다고 해도 자신의 정신만 제대로 붙들고 있으면 풀이는 이뤄지게 된다. 이 인간의 도리는 학습자로서의 도리이다.

-누수를 채우는 반복도 의미 있는 반복이 된다

-종합이 된 게 대략 50퍼센트 목표치로 해서 기억남을 목표로 한다

-인과응보적이라서 노력을 해야 결과가 나온다

-쌍극자암기와의 관련성

쌍극자 암기도 결국에는 뭔가의 하나를 해서 그 특징으로 쌍극자를 연결해서 잡기였다. 그게 좀 더 난이도가 있으면 거기에 인물을 붙여서 강화를 시키고 좀 더 난이도가 있다면 히어라키 적으로 해서 노래를 한다. 다만 그 노래의 구조는 이렇게 잡는 게 이상적이다. 이 구성의 전제는 잊을 수도 있다는 점이다. 그래서 계속 노력이 필요하다는 점이다.

7. 전문 공부

-전문 공부의 의미

자격증을 딴 전문가이거나 아니면 그 아래에서 같이 일하는 실장 등의 전문사무원들은 자기분야의 그것도 아주 좁은 분야만 알지 그 이상을 가면 잘 모른다. 그래서 그런 전문 공부가 중요하다.

-세상이 어지러울수록 자기공부가 최고다

세상이 아주 어지러이 가고 있다. 어지러울수록 자기 공부가 최고다 . 그게 제일 남는 것이기 때문이다

-전문공부일수록 효율적으로 해야 한다

시간들이 없지 않은가? 그러니 더욱더 효율을 노려야 한다. 바쁘지 않은 전문가 바쁘지 않은 전문사무원은 없다. 그러니 그런 사람들의 전문 공부일수록 더욱더 효율을 높여야 한다.

-전문 지식은 꺼내 쓴다의 논리

법조계를 접하지 못한 사람들의 입장에서는 법조인들을 보면서 '와, 그 많

은 방대한 법을 어떻게 다 알고 남을 위해서 상담을 해주고 하지?'하고 생각한다. 그러나 법조계에 입문을 하면 제일 먼저 배우는 사실이 그 많은 방대한 지식을 다 머리에 담는 게 아니라 필요할 때 꺼내서 쓴다는 게 핵심이라는 사실이다. 그렇게 전문지식은 꺼내서 쓰는 것 이지 다 담아두는 게 아니기에 공부의 효율성은 더욱더 필요하다.

-전문 공부일수록 이런 포인트를 봐야 한다

그렇겠구나 하는 것은 문제가 안 되고 그건 좀 그런데 내지는 그건 좀 아닌데 하는게 포인트이다. 수험 때도 그렇지만 결국 판시 등의 암기에서 가장 문제는 바로 자신이 그간 가진 자연법에 어긋나는 경우이다. 거기를 잘 포착해서 봐야 하고 내 것으로 넣어야 한다.

-당연한 것과 다소 또는 그 이상 당연하지 않게 다가오는 것을 체크해야 한다

읽어서 조금씩만 지식이 쌓여도 '그것은 그렇겠구나'하고 당연하게 느껴지는 것과 그렇지 않고 '어 이것은 왜 이렇게 되지?;하고 당연하지 않게 생각되는 것을 구변하는 게 가장 중요한 포인트가 된다.

-여백에 필기를 하는 경우에도 그 당연하지 않음 생각해볼 여지가 있음이 관건이다

많은 학습자들이 여백에 필기를 해서 집어넣거나 적어 넣는다. 그런 적어넣은 내용으로서 가장 와야 할 것은 바로 당연하지 않는 내용에 대한 지적 즉, 그런 포인트를 찾아내는 것과 그것을 어떤 식으로 처리해서 내 것으로 할지에 대한 것들이다. 그렇게 치면 결국 책은 원래부터 인쇄되어 있는 부분과 학습자인 내가 적어서 나오게 하는 부분들로 나눠지게 되는데, 인쇄되어 있는 것이야 당연히 진리이고 기지(기지)의 사실로 받아들여지니까 제시가 될 터이니 그게 결합이 된 게 바로 종합적으로 그 해당 분야나 해당과목의 총합적 사실로 다가온다.

-전문 공부에서도 암기를 해야만 공부한 게 남는다

여러분들이 다른 전문분야를 공부해서 남들에게 보여줄 때도 그게 결국에는 '체화'가 되어야 의미가 있다. 그냥 입에서 머리에서 우물우물하는 지식으로는 의미가 없다.

-외워야 내 지식으로 남고 남들에게도 보여진다
남들에게 보여주고 남들에게 인정받는 그런 지식이 되기 위해선 절대적으로 암기가 되어야 한다. 그것을 도와주려고 필자는 애를 쓸 것이다.

-암기는 늘 숙제

암기는 수험에서도 큰 숙제인데 전문 공부를 함에도 내가 외울 것인가? 외운다면 어디까지 외우고 결심을 할 것인가는 아주 문제이다. 그래서 그에 대한 도움이 필요하다.

-가장 효율적으로 외우게 하기

필자는 가장 검증된 방식으로 가장 쉽게 외우게 하는 도움을 줄 것이다. 특히 앞서 말한 지식은 꺼내 쓰는 것과의 조화적으로 얼마까지를 외우고 얼마는 외우지 않고 가는가는 참으로 중요한 부분으로 계속 작용한다.

-전문공부에의 암기가 더욱더 어려운 이유는 용어가 어렵기 때문이다

용어가 어려움은 그 분야의 전문성을 표상한다. 물론 그것은 진입장벽처럼 그 분야에서의 현학적 요소도 가지고는 있으나 그에 대해서 의미가 크게 온다. 그것을 잘 돌파해야 한다.

-전문 공부에서의 아주 쉽게 암기하는 법

(1) 친숙도를 늘려라

친숙도를 늘리는 게 중요하다. 물론 모든 공부의 과정은 다 반복을 통해서 친숙도를 늘리지만 그것을 어떻게든 더 고속화 하는 게 관건이다. 용어가 어렵고 구가상황이 어렵다면 더욱이나 친숙도를 높이는 것은 아주 중요하

다.

(2) 시퀀스활용

시퀀스란 이어짐이다. 순서이기도 하고 말이다. 그런 이어짐과 순서가 잘 연결이 되어야 뭔가의 성과가 나온다. 암기도 결국 이어짐이니 말이다.

뭔가 잘 술술 연결이 되면, 그게 시퀀스다. 우리가 뭔가 생활에서도 이야기가 술술 연결이 잘되는 경우가 있다. 그게 바로 시퀀스다. 그래서 그것을 이용하면 학습이 용이하다. 텔레비전에서의 오락프로를 봐도 쿵쿵따 쿵쿵따 하면서 말이 끝말잇기 식으로 잘 연결이 됨을 볼 것이다. 그게 바로 시퀀스다.

혼자서 전문지식을 읽을 때에도 필자를 만나기전에 여러분들이 혼자서 전문지식을 읽을 때에도 뭔가가 그 부분만큼은 시퀀스에 의해서 흘러가는 것이 된다.

(3) 인문사회지식 총동원

이런 전문 공부가 어려운 것은 용어의 문제도 있지만 동류화가 되지 않은 지식들을 동류화 하는 가운데에서 머리에 담아둬야 하는 측면이 아주 크다. 그러기에 그럴 때는 거의 유일한 해법이 있다. 바로 자신이 아는 모든 인문사회적 기타 지식들을 총동원해서 암기를 하는 것이다. 어찌보면 수험생들이 가장 많이 쓰는 두문장암기 같은 것도 그런 것인데 그것은 그래도 아주 가장 초보적인 형태로 봐야 한다. 그런 인문사회적 지식을 가지고 암기를 하고 이해도를 높이는 것이 필자가 여러분들에게 해줄 수 있는 도움 중의 하나이기도 하다.

(4) 내 머리 안에서 복기가 되게 한다

결국 전문지식이 발현이 되기 위해서는 남들에게 시각이나 청각으로 가게 해야 한다. 그러려면 자신이 먼저 그 지식들에 능해야 한다. 그래서 그게 내 머리 안에서 복기가 되게 한다고 보면 된다.

내 입에서 나와야 한다. 그게 차고 넘치면 결국은 나의 입에서 나와야 한다. 그것의 단계까지 안가면 머릿 속의 음성으로 그야 말로 '뇌입'으로라도 나와야 한다.

우리 책은 포인트는 지정의 식이다. 아주 두툼한 개론서가 아니라 그 개론서를 잘 보게 하는 것이다. 우리 책은 어느 분야의 타지식을 익히게 하기 위한 두터운 지식의 책이 아니라 그 지식에서 가장 엑기스가 되는 부분을 어떻게 이해를 할까에 대해서 제시를 해주는 책이다.

8. 스타링크

: 해당 과목을 전체적인 별자리나 천체관으로 생각하고 외우기

-의미

스타링크는 해당과목을 전체적인 별자리나 천체관으로 생각하고 외우기를 말한다. 외국어도 어떤 사람이 꽤 해당 외국어로 소통이 된다고 하면 그것은 그 사람이 그 외국어에 스타링크가 형성이 된 것이라고 봐야 한다. 즉 스타링크가 되면 그 과목에 외국어이든 수험과목 학습이든 되는 거다.

-스타링크의 개념구성요소

개념구성요소, 핵심요소는 다음과 같다.

(1)구조성 (2)수축확정적 자유자재성 (3)위치적 자유자재성

구성요소의 본질에는 공부란 게 잘 압축하면 양이 확 줄어든다의 사고가 있다.

구성요소의 본질에는 이런 사고도 존재한다. 즉 공부란 게 잘 압축하면 양이 확 줄어든다의 사고 말이다. 그 사고는 이런 식으로 분화되어서 나온다.

-시험 전 날 뚫어지게 책만 쳐다보는 게 너무 싫다고 하는 사람에게 적합

그런 부류의 사람이 있다. 굳이 말하면 자유인이라고나 할까? 시험전 날 뚫어지게 책만 쳐다보는 게 너무 싫다고 하는 사람들 말이다. 그런 사람에게 이 방법은 적합하다

-스타링크로 지식들이 구현이 되면서 행복감이 상승

연관이 되는 시퀀스는 한숨에 쭉 풀어주는 게 복습이자 리뷰다. 그리고 그게 되면 스스로 대견해하면서 기분 좋다.

스타링크:시퀀스 개념이 스타링크를 가게 하고 스타링크는 시퀀스를 완벽하게 해준다

-시퀀스매칭활동의 최종 안착역이 목적지가 스타링크

그냥 무조건 만드는 게 아니라 확실한 최종목적의식으로 귀결된다. 그래서 나의 시퀀스를 완성시키는 집요함이 꽃피게 한다.

-두문자 시퀀스 등을 찾아보면서 제일 잘 하는 말 아 이거였지가 없게 하는게 중요하다

두문자 등을 가지고 공부하면 제일 문제가 아 이거였지 하면서 그 두문자의 주소 등이 바로 연결이 안 되는 경우가 문제다. 그런 것을 해결하기 위한 것이 바로 이것이다.

-독경

1) 부분적 독경

스타링크가 됨은 이게 진정한 의미의 독경이다. 어떤 이가 부분적으로 구현된 것을 가지고 씨름하고 있다면 그것은 허둥지둥적 독경 또는 부분적 독경이라고 할 수 있다.

2) 보조도구 없이 되어야 제대로의 독경이고 스타링크

녹음 테입 같은 보조도구 없이 되어야 하는 게 제대로의 독경이다. 즉 완전히 뇌의 활동만으로 되어야 하는 게 완벽한 의미에서의 독경이다.

3) 수도승 비슷하게

독경이 되면 진짜로 수도승이고 그가 써내는 게 거의 준경전에 이르는 그야말로 크리스천 서점에 나오는 것들이다.

도 서 명: 상업등기법 암기법-회사설립의 등기 등을 중심으로
저   자: 자격증수험연구회
초판발행: 2025년 08월 29일
발   행: 수학연구사
발 행 인: 박기혁
등록번호: 제2020-000030호
주   소: 서울특별시 영등포구 버드나루로 130 1층 104호(당산동, 강변래미안)
Tel.(02) 535-4960 Fax.(02)3473-1469

Email. kyoceram@naver.com

수학연구사 Book List

9001 고1,고2 내신 수학은 따라가지만 모의고사는 망치는 학생의 수학 문제 해결법
저자 수학연구소 / 19,500

9002 이공계 은퇴자와 강사를 위한 수학 과학 학습상담센터 사업계획 가이드
저자 수학연구소 / 19,500

9003 고3 재수생 수능 수학 만점, 양치기를 어떻게 바라보고 극복할 것인가
저자 수학연구소 / 19,500

9004 대학생들이 세상에서 가장 효율적으로 일본어를 정복하는 방법
저자 최단시간일본어연구회 / 19,500

9005 프랑스어를 꼭 공부해야 하는 대학생들이 쉽게 어려운 단어를 외우는 방법
저자 최단시간프랑스어연구회 / 19,500

9006 중국어를 빠르게 배우고 싶은 해외 파견 공무원들을 위한 책
저자 최단시간중국어연구회 / 19,500

9007 변리사들이 효율성 높게 일본어를 익히는 법
저자 변리사실무연구회 / 19,500

9008 세무사가 업무상 필요한 일본어 청취를 빠르게 습득하는 법
저자 세무사실무연구회 / 19,500

9009 심리상담가가 프랑스어 단어를 빠르게 익히는 방법
저자 상담심리실무연구회 / 19,500

9010 업무용 일본어 듣기의 효율성을 높이는 법: 해외파견공무원용
저자 공무원실무연구회 / 19,500

9011 관세사들이 스페인어 단어를 쉽고 빠르게 외우는 법
저자 관세사실무연구회 / 19,500

9012 스페인어 리스닝을 쉽게 하는 법: 해외파견금융기관직원을 위한 책
저자 금융실무연구회 / 19,500

9013 관사세가 알면 좋을 프랑스어 단어를 효율적으로 외우는 법
저자 관세사실무연구회 / 19,500

9014 법조인이 알면 좋을 스페인어 단어를 빠르게 익히는 법
저자 법조인실무연구회 / 19,500

9015 법조인이 알면 좋을 스페인어 단어를 빠르게 익히는 법
저자 법조인실무연구회 / 19,500

9016 미용 뷰티업계에서 알면 좋을 이탈리아어 단어 빠르게 외우는 법
저자 뷰티실무연구회 / 19,500

9017 간호대학생과 간호사 의학용어시험 만점! 심장순환계통단어 암기법
저자 의학수험연구회 / 19,500

9018 항공공항업계에서 알면 좋을 스페인어 단어 스피드 암기법
저자 항공공항실무연구회 / 19,500

9019 약사와 약대생을 위한 의학용어 만점암기법_ 심장순환계와 근육계
저자 의학수험연구회 / 19,500

9020 한의사와 한의대생을 위한 양의학용어 암기법_ 호흡기와 감각기
저자 의학수험연구회 / 19,500

9021 의료변호사를 위한 의학용어 암기법_ 소화기와 비뇨기
저자 의학수험연구회 / 19,500

9022 건강보험공단 직원과 취준생을 위한 의학용어 암기법_ 감각기와 호흡기
저자 의학수험연구회 / 19,500

9023 간호사 국가고시 합격기간 단축하기_ 1교시 성인간호, 모성간호
저자 의학수험연구회 / 19,500

9024 건강보험공단 직원과 취준생을 위한 의학용어 암기법_ 감각기와 호흡기
저자 의학수험연구회 / 19,500

9025 수의사와 수의대생을 위한 의학용어 암기법_ 근골계와 심장순환계
저자 의학수험연구회 / 19,500

9026 식품위생직, 식품기사 시험을 위한 식품미생물 점수 쉽게 따기
저자 식품위생연구회 / 19,500

9027 영양사 시험 스피드 합격비법_ 1교시 영양학, 생화학, 생리학 중심
저자 영양사시험연구회 / 19,500

9028 영양사 시험 스피드 합격비법_ 2교시 식품학, 식품위생 중심
저자 영양사시험연구회 / 19,500

9029 6급 기관사 해기사 자격 시험 스피드 합격비법
저자 해기사시험연구회 / 19,500

9030 재배학개론 농업직 공무원시험 스피드 합격비법
저자 공무원시험연구회 / 19,500

9031 식용작물학 농업직 공무원시험 스피드 합격비법
저자 공무원시험연구회 / 19,500

9032 수능 지구과학1 입체적 이해로 만점 받기
저자 수능시험연구회 / 19,500

9033 건축구조 건축직 공무원 시험 교과서 술술 읽히게 하는 책
저자 공무원시험연구회 / 19,500

9034 위생관계법규 조문과 오엑스 조리직 공무원시험
저자 공무원시험연구회 / 19,500

9035 자동차구조원리 운전직 공무원 시험 교과서 술술 읽히게 하는 책
저자 공무원시험연구회 / 19,500

9036 수의사와 수의대생을 위한 의학용어_ 암기법 소화기와 비뇨기
저자 의학수험연구회 / 19,500

9037 도로교통사고 감정사 1차 시험 교과서 술술 읽히게 하는 책
저자 자격증수험연구회 / 19,500

9038 위험물산업기사 필기시험 교과서 술술 읽히고 암기되게 하는 책
저자 자격증수험연구회 / 19,500

9039 소방관계법규 조문과 오엑스 소방직 공무원시험
저자 공무원시험연구회 / 19,500

9040 양장기능사 필기시험 교과서 술술 읽히고 암기되게 하는 책
저자 자격증수험연구회 / 19,500

9041 섬유공학 패션의류 전공자가 섬유가공학 술술 읽고 학점도 잘 받게 해주는 책
저자 섬유공학패션연구회 / 19,500

9042 의류복식사 술술 읽고 학점 잘 받게 해주는 섬유공학 패션의류 전공자를 위한 책
저자 섬유공학패션연구회 / 19,500

9043 반도체장비유지보수 기능사 필기 교과서 술술 읽히고 암기되게 하는 책
저자 자격증수험연구회 / 19,500

9044 4급 항해사 해기사 자격 수험서 술술 읽히고 암기되게 하는 책
저자 자격증수험연구회 / 19,500

9045 접착 계면산업 관련 논문 특허자료 술술 읽히고 암기되게 하는 책
저자 접착계면산업연구회 / 19,500

9046 재수삼수 생활로 점수 올려 대입 성공한 이야기
저자 오답노트컨설팅클럽 / 19,500

9047 치위생사 국가시험 수험서 술술 읽히고 암기되게 하는 책
저자 자격증수험연구회 / 19,500

9048 치위생사 국가시험 수험서 술술 읽히고 암기되게 하는 책_ 2교시 임상치위생처치 등
저자 자격증수험연구회 / 19,500

9049 가스산업기사 필기시험 수험서 술술 읽히고 암기되게 하는 책
저자 자격증수험연구회 / 19,500

9050 응급구조사 1,2급 시험 수험서 술술 읽히고 암기되게 하는 책
저자 자격증수험연구회 / 19,500

수학연구사 Book List

9051 떡제조기능사 시험 수험서 술술 읽히고 암기되게 하는 책
저자 자격증수험연구회 / 19,500

9052 임상병리사 시험 수험서 술술 읽히고 암기되게 하는 책
저자 자격증수험연구회 / 19,500

9053 의료관계법규 4대법 조문과 오엑스 뽀개기 의료기술직 공무원시험
저자 공무원시험연구회 / 19,500

9054 간호학 전공자가 간호미생물학 술술 읽고 학점도 잘 받게 해주는 책
저자 간호학연구회 / 19,500

9055 간호사 국가고시 합격기간 단축하기_ 2교시 아동간호, 정신간호 등
저자 의학수험연구회 / 19,500

9056 도로교통법규 조문과 오엑스 뽀개기 운전직 공무원시험
저자 공무원시험연구회 / 19,500

9057 전기공학부생들이 시험 잘 보고 학점 잘 따는 법
저자 기술튜터토니 / 19,500

9058 간호대학생들이 약리학을 쉽게 습득하는 학습법
저자 간호학연구회 / 19,500

9059 의치대를 목표하는 초등생자녀 이렇게 책 읽고 시험 보게 하라
저자 의치대보내부모들 / 19,500

9060 지적관계법규 조문과 오엑스 뽀개기 지적직 공무원시험
저자 공무원시험연구회 / 19,500

9061 방송통신대 법학과 학생이 학점 잘 받게 공부하는 법
저자 법학수험연구회 / 19,500

9062 공인중개사 1차 시험 쉽게 합격하는 학습법
저자 법학수험연구회 / 19,500

9063 기술직 공무원 시험 쉽게 합격하는 학습법
저자 공무원시험연구회 / 19,500

9064 독학사 간호과정 공부 쉽게 마스터하기
저자 간호학연구회 / 19,500

9065 주택관리사 시험 빠르게 붙는 방법과 노하우
저자 자격증수험연구회 / 19,500

9066 비로스쿨 법학과 대학생들을 위한 공부 방법론
저자 법학수험연구회 / 19,500

9067 기술지도사 필기시험 빠르고 쉽게 합격하는 학습법
저자 자격증수험연구회 / 19,500

9068 감정평가사 시험 스트레스 낮추고 빠르게 최종 합격하는 길
저자 자격증수험연구회 / 19,500

9069 의무기록사 시험 합격을 위한 의학용어 암기법_ 순환계와 근골계
저자 의학수험연구회 / 19,500

9070 의무기록사 시험 합격을 위한 의학용어 암기법_ 소화기와 비뇨기
저자 의학수험연구회 / 19,500

9071 감정평가사 2차 합격을 위한 서브노트의 필요성 논의와 공부법
저자 자격증수험연구회 / 19,500

9072 감정평가사 민법총칙 최단시간 공부법과 문제풀이법
저자 자격증수험연구회 / 19,500

9073 게임 IT계 직원이 영어를 빠르게 듣고 말할 수 있는 방법
저자 최단시간영어연구회 / 19,500

9074 IT 게임업계 직원이 효율적으로 빠르게 일본어를 습득하는 법
저자 최단시간일본어연구회 / 19,500

9075 게임회사 IT업계 직원이 프랑스어 단어를 빨리 익히는 법
저자 최단시간프랑스어연구회 / 19,500

9076 경영지도사가 빠르고 효율적으로 중국어를 배우는 법
저자 최단시간중국어연구회 / 19,500

9077 유튜버가 일본어 청취를 빠르게 익히는 방법
저자 최단시간일본어연구회 / 19,500

9078 법조인들이 알면 좋을 프랑스어 단어를 빠르게 익히는 법
저자 최단시간프랑스어연구회 / 19,500

9079 경영지도사에게 필요한 스페인어 단어 빠르게 익히기
저자 최단시간스페인어연구회 / 19,500

9080 일본어 JLPT N4, N5 최단시간에 합격하는 법
저자 최단시간일본어연구회 / 19,500

9081 관세사에게 필요한 이탈리아어 단어 빠르게 익히기
저자 최단시간외국어연구회 / 19,500

9082 일본 관련 사업을 하는 중개사를 위한 효율적인 일본어 듣기법
저자 최단시간외국어연구회 / 19,500

9083 일본 취업 준비생을 위한 일본어 리스닝과 단어 실력 빠르게 올리는 방법
저자 최단시간외국어연구회 / 19,500

9084 관세사에게 필요한 중국어 빠르게 습득하는 법
저자 최단시간외국어연구회 / 19,500

9085 누적과 예측을 통한 영어 말하기와 듣기 해답_ 해외진출자를 위한 책
저자 최단시간외국어연구회 / 19,500

9086 스페인어를 공부해야 하는 대학생들이 빠르게 단어를 숙지하는 법
저자 최단시간외국어연구회 / 19,500

9087 취업 준비 대학생은 인생 자격증으로 공인중개사 시험에 도전하라
저자 자격증수험연구회 / 19,500

9088 고경력 은퇴자에게 공인중개사 시험을 강력 추천하는 이유와 방법론
저자 자격증수험연구회 / 19,500

9089 효율적인 4개 국어 학습법과 외국어 실력 올리는 방법
저자 최단시간외국어연구회 / 19,500

9090 여성들의 미래대안 공인중개사 시험 도전에 필요한 공부 가이드
저자 자격증수험연구회 / 19,500

9091 해외파견근무직원들이 이탈리아어 단어 빠르게 익히는 방법
저자 최단시간외국어연구회 / 19,500

9092 영어 귀가 뻥 뚫리는 리스닝 훈련법
저자 최단시간외국어연구회 / 19,500

9093 열성아빠를 위한 민사고 졸업생의 생활팁과 우수 공부비법
저자 교육연구회 / 19,500

9094 유초등 아이 키우는 열정할머니를 위한 민사고 생활팁과 공부가이드
저자 교육연구회 / 19,500

9095 심리상담사가 일본어를 쉽게 배울 수 있는 노하우와 팁
저자 최단시간외국어연구회 / 19,500

9096 법조인을 위한 들리는 소리에 집중하는 외국어 리스닝과 단어 훈련법
저자 최단시간외국어연구회 / 19,500

9097 관세사를 위한 문법 상관없이 받아 듣고 적는 외국어 학습법
저자 최단시간외국어연구회 / 19,500

9098 민사고에 진학할 똑똑한 중학생을 위한 민사고 공부팁과 인생 이야기
저자 교육연구회 / 19,500

9099 해외파견근무직원들을 위한 프랑스어 단어 쉽게 배우기
저자 최단시간외국어연구회 / 19,500

9100 해외파견근무직원들이 일본어를 쉽고 빠르게 공부하는 방법
저자 최단시간외국어연구회 / 19,500

수학연구사 Book List

9101 대학생들이 이탈리아어 단어 쉽고 빠르게 익히는 법
저자 최단시간외국어연구회 / 19,500

9102 뷰티 화장품 업계에서 알면 좋을 스페인어 단어 쉽게 익히기
저자 최단시간외국어연구회 / 19,500

9103 민사고 진학에 갈등을 느끼는 딸바보 아빠를 위한 인생 조언과 공부법
저자 교육연구회 / 19,500

9104 유튜버를 위한 영어 리스닝과 스피킹 실력 빠르게 올리는 법
저자 최단시간외국어연구회 / 19,500

9105 해외파견직들을 위한 문법 없이 어학 공부하는 방법
저자 최단시간외국어연구회 / 19,500

9106 변리사가 프랑스어 단어를 쉽고 빠르게 배우는 법
저자 최단시간외국어연구회 / 19,500

9107 법조인이 알면 좋을 중국어 스피드 습득법
저자 최단시간외국어연구회 / 19,500

9108 임용고시 합격하려면 고시 노장처럼 공부하지 마라
저자 임용고시연구회 / 19,500

9109 임용고시 합격을 위한 조언_ 공부로 생긴 스트레스 공부로 풀어라
저자 임용고시연구회 / 19,500

9110 가맹거래사 시험 법학에 자신이 없는 사람들이 꼭 봐야 할 합격법
저자 자격증수험연구회 / 19,500

9111 가맹거래사 책이 쉽게 이해되지 않는 사람들을 위한 수험전략 가이드
저자 자격증수험연구회 / 19,500

9112 항공 및 공항 업계에서 알면 좋을 이탈리아어 단어 효율 암기법
저자 최단시간외국어연구회 / 19,500

9113 은퇴자를 위한 외국인과 만나는 게 즐거운 영어 리스닝 방법
저자 최단시간외국어연구회 / 19,500

9114 항공과 공항업계인을 위한 일본어 듣기와 단어 청크 단위 학습법
저자 최단시간외국어연구회 / 19,500

9115 유튜버가 프랑스어 단어에 쉽게 접근하고 익히는 법
저자 최단시간외국어연구회 / 19,500

9116 대학생이 필요한 스페인어 청취를 빠르게 습득하는 법
저자 최단시간외국어연구회 / 19,500

9117 해외파견직들을 위한 스페인어 단어 스피드 학습법
저자 최단시간외국어연구회 / 19,500

9118 관세사를 위한 직청직해 소리단어장 다국어 훈련법
저자 최단시간외국어연구회 / 19,500

9119 경비지도사 처음 도전하는 사람들이 꼭 알아야 할 시험 접근법
저자 자격증수험연구회 / 19,500

9120 유튜버가 이탈리아어 단어 효율적으로 익히는 방법
저자 최단시간외국어연구회 / 19,500

9121 관세사가 빠르고 쉽게 일본어 실력 올리는 법
저자 최단시간외국어연구회 / 19,500

9122 영어가 부족한 법조인을 위한 리스닝과 스피킹 효율 학습법
저자 최단시간외국어연구회 / 19,500

9123 미용 뷰티업계에서 알면 좋은 일본어 쉽게 접근하는 법
저자 최단시간외국어연구회 / 19,500

9124 대학생을 위한 외국어 공부법_ 문법은 버리고 소리에 집중하자
저자 최단시간외국어연구회 / 19,500

9125 심리상담사가 스페인어 단어를 효율적으로 배우는 방법
저자 최단시간외국어연구회 / 19,500

9126 대학생을 위한 다양한 외국어 쉽게 접근하게 해주는 가이드
저자 최단시간외국어연구회 / 19,500